El Impacto del Cristianismo

En el Desarrollo Socioeconómico de las Naciones

Romel Hilaire

Copyright © 2025 Dr. Romel Hilaire

Todos los derechos reservados.

Ninguna parte de este libro podrá ser reproducida, almacenada en un sistema de recuperación, o transmitida de ninguna forma ni por ningún medio, electrónico, mecánico, fotocopia, grabación, o de otro modo, sin el permiso previo por escrito del autor, excepto para breves citas en críticas o artículos.

El escaneo, carga y distribución de este libro a través de Internet o cualquier otro medio sin el permiso del autor es ilegal y castigado por la ley. Por favor, adquiera solo ediciones autorizadas y apoye el trabajo del autor.

Para todas las naciones heridas que aún anhelan justicia.

Para los hombres y mujeres que rezan en silencio por el bienestar de su país.

Para los líderes que creen en gobernar con integridad.

Para cada iglesia que elige no solo brillar, sino también convertirse en una fuente de iluminación.

Y especialmente para la próxima generación, porque su fe tendrá el poder de construir un mundo mejor.

Sobre el libro

Este libro examina la influencia que los principios cristianos han tenido, y pueden seguir teniendo, en el desarrollo socioeconómico de las naciones. A través de un análisis histórico, ético y cultural, explora cómo los valores cristianos, como la honestidad, la responsabilidad, el trabajo diligente, la justicia social y la solidaridad, han sido fundamentales para construir sociedades prósperas y sostenibles. El autor argumenta que, lejos de ser simplemente una creencia privada, el cristianismo puede actuar como una fuerza transformadora cuando sus principios se aplican en áreas como la educación, la economía, la política y las instituciones. El libro también presenta ejemplos concretos de países que, al integrar o adoptar estos valores, han mostrado avances notables en el bienestar social, la estabilidad política y el crecimiento económico.

INTRODUCCIÓN

Nos encontramos en un tiempo de gran incertidumbre. A pesar de la conectividad sin precedentes del mundo, estamos divididos por crisis relacionadas con la identidad, la desigualdad, la violencia y la desconfianza hacia las instituciones. Las soluciones parecen eludir tanto a los líderes como a los ciudadanos comunes. Dado este paisaje complejo, surge una pregunta: ¿qué contribución podría hacer el cristianismo para crear sociedades más humanas, justas y sostenibles?

Este libro no surge de una teoría abstracta, sino de una convicción práctica: que la fe cristiana, cuando se integra en la cultura, la economía, la política y la educación, tiene el poder de transformar profundamente el destino de una nación.

Mi objetivo no es promover el proselitismo religioso ni abogar por una teocracia moderna. Al contrario, mi propósito es mostrar cómo los valores universales del cristianismo, como la compasión, la integridad, la justicia, el servicio y la humildad, han sido y pueden seguir siendo pilares fundamentales para el desarrollo social y económico.

A lo largo de estas páginas, explorará ideas, historias reales, principios bíblicos y ejemplos concretos en los que la fe no se quedó confinada en los templos; se convirtió en acción, institución y cultura viva. Verá que las naciones que han abrazado estos valores han prosperado no solo económicamente, sino también en términos de dignidad, cohesión y resiliencia.

Este trabajo también nos invita a reconsiderar el papel de la fe en la esfera pública, no como una imposición, sino como una fuente de inspiración. Además, nos lleva a comprender que el éxito de un país no se mide solo por su capacidad productiva, sino por los principios sobre los que se sostiene.

Índice

INTRODUCCIÓN IV
CAPÍTULO UNO 1
CAPÍTULO DOS 20
CAPÍTULO TRES 26
CAPÍTULO CUATRO 53
CAPÍTULO CINCO 65
CAPÍTULO SEIS 94
CAPÍTULO SIETE 100
CAPÍTULO OCHO 105
CAPÍTULO NUEVE 113
GLOSARIO 127
BIBLIOGRAFÍA 129

CAPÍTULO UNO

Ética Cristiana y Trabajo

PLANTEAMOS UNA PREGUNTA CRUCIAL: ¿Qué puede sostener el progreso de una nación más allá de sus recursos naturales o poder político? Este libro ofrece una respuesta audaz: cuando se aplican colectivamente, los principios cristianos proporcionan una base ética y práctica capaz de guiar a las naciones hacia un desarrollo sostenible, justo y arraigado en la solidaridad.

Lejos de ser solo una religión personal o un sistema de espiritualidad centrado en el individuo, el cristianismo ha demostrado, a lo largo de la historia, su capacidad para influir positivamente en la sociedad. Las enseñanzas de Jesús ofrecen una perspectiva profunda sobre temas como el valor intrínseco de la persona humana, la justicia social, la importancia del trabajo honesto y los principios de perdón y compasión como bases esenciales para una convivencia armónica. La Biblia aborda no solo cuestiones de fe, sino también problemas económicos, liderazgo político y administrativo, y equidad social. Como se expresa en el Salmo 33:12:

"Bienaventurada la nación cuyo Dios es el Señor."

Lecciones del Pasado

En Europa, los países con una tradición protestante, como Suiza, Noruega y los Países Bajos, experimentaron una transformación económica que coincidió con la Reforma del siglo XVI. Max Weber, en su obra clásica La ética protestante y el espíritu del capitalismo, sostiene que el énfasis protestante en la responsabilidad individual, el trabajo diligente y la administración prudente fue fundamental para el desarrollo del capitalismo moderno. Aunque esta visión tiene sus críticos, es innegable que la cosmovisión cristiana influyó significativamente en las instituciones financieras, educativas y legales en Occidente.

En Corea del Sur

El ejemplo de Corea del Sur es uno de los casos más claros que demuestra cómo los valores, principios y estructuras fomentadas por el cristianismo tuvieron un impacto significativo en su desarrollo económico, social y educativo. En menos de setenta años, Corea del Sur pasó de ser una de las naciones más pobres, devastadas por la guerra, a convertirse en una potencia económica y tecnológica global. Aunque diversos factores contribuyeron a este progreso, incluidos los políticas gubernamentales, la industrialización y la inversión extranjera, el papel del cristianismo fue clave en tres áreas principales: educación, ética de trabajo y progreso social.

Ejemplos en América Latina y el Caribe

En América Latina, una región históricamente afectada por la desigualdad y la corrupción, el crecimiento de las comunidades cristianas ha tenido un notable impacto social. En países como Guatemala y Brasil, las congregaciones evangélicas han alentado a las personas a abandonar adicciones, promovido la reconciliación familiar y fomentado la participación política ética. Un estudio realizado por la Universidad Baylor en Texas encontró que en las áreas brasileñas donde las iglesias evangélicas están activas en zonas vulnerables, tiende a disminuir la violencia y la pobreza, especialmente entre los jóvenes.

En la República Dominicana, diversas organizaciones cristianas no gubernamentales como World Vision y Compassion International han logrado un impacto positivo en las zonas rurales al fomentar el desarrollo comunitario basado en valores cristianos. Su trabajo se centra en proporcionar educación, capacitación laboral, alimentos y apoyo espiritual.

Además, durante situaciones de desastre, como en Puerto Príncipe, Haití, después del terremoto de 2010, las iglesias cristianas locales e internacionales se convirtieron en los primeros centros de asistencia humanitaria. Estas organizaciones establecieron redes de apoyo y coordinaron albergues y distribución de alimentos. El cristianismo proporcionó no solo consuelo espiritual, sino también una respuesta organizada, práctica y eficaz.

Fundamentos Bíblicos Aplicables

Trabajo y deber:

"Si alguno no quiere trabajar, tampoco coma."

Esto fomenta una ética proactiva y evita la dependencia pasiva.

Justicia y gobernanza:

"El pueblo se alegra cuando los justos gobiernan, pero sufre cuando los impíos dominan."

Integridad económica:

"El Señor abomina las balanzas falsas, pero se complace en los pesos exactos."

Este principio se opone a la corrupción y promueve la transparencia en los negocios y el gobierno.

Cuidado por los necesitados:

"El que hace caso omiso del clamor del necesitado, también clamará y no será respondido."

Estos pasajes indican que una nación guiada por principios cristianos fomenta una cultura de responsabilidad, integridad y servicio.

El Verdadero Éxito de un País

El éxito de una nación no se mide solo por su Producto Interno Bruto (PIB), sino también por la salud moral de su gente, la fortaleza de sus familias, el equilibrio de sus leyes y el propósito común que los une. El cristianismo, cuando se vive como un modo de vida auténtico y no se utiliza para fines políticos, puede restaurar la dignidad humana, revitalizar la economía y reconciliar las divisiones sociales.

Este libro no aboga por imponer una religión ni por establecer una teocracia. Ofrece una perspectiva estratégica fundamentada en principios bíblicos universales cuya efectividad ha sido probada a lo largo de la historia. Así como una casa necesita cimientos para mantenerse firme, las naciones también necesitan un ancla sólida. El cristianismo puede servir como ese pilar fundamental.

Ética Cristiana y Trabajo:

Una Fundación para el Progreso y la Dignidad

Desde una perspectiva cristiana, el trabajo no se ve como un castigo o solo como una herramienta económica. Más bien, se entiende como una expresión del propósito y la dignidad humana. Desde las primeras páginas de la Biblia, Dios es retratado como un trabajador: creador, diseñador y organizador. Génesis 2:15 dice:

"Y el Señor Dios tomó al hombre y lo puso en el jardín de Edén para que lo cultivara y lo cuidara."

Desde el principio, los seres humanos fueron llamados a trabajar y a cuidar, no como esclavos de un sistema, sino como colaboradores con Dios en el desarrollo del mundo.

La Perspectiva Cristiana sobre el Trabajo

La ética cristiana del trabajo se basa en varios principios clave:

Diligencia y excelencia

"Pone tu corazón en todo lo que hagas, como si fuera para el Señor y no para los hombres." (Colosenses 3:23)

"El trabajo no debe hacerse por obligación o de manera mediocre, sino como un acto honorable, con excelencia y responsabilidad."

Honestidad y Justicia

"No exploten al trabajador pobre y necesitado." (Deuteronomio 24:14)

Esto subraya la importancia de tratar a los trabajadores con justicia y humanidad, lo cual es esencial para eliminar la explotación laboral y promover sistemas económicos éticos.

Productividad y Gestión Inteligente

"En la Parábola de los Talentos (Mateo 25:14-30), Jesús enseña que cada persona debe hacer crecer lo que se le ha dado. Esto tiene implicaciones directas para la economía, el emprendimiento y la inversión responsable."

Unidad y Espíritu Comunitario

Aquí hay una paráfrasis de la cita: "El que robaba, deje de robar y, en su lugar, trabaje honestamente con sus manos para que pueda compartir con los necesitados."

El trabajo no solo dignifica a la persona, sino que también ayuda a construir el tejido social, cuidar de los necesitados y defender el bien común.

Historia y Transformación: Del Protestantismo a la Modernidad

Max Weber mostró que la ética del trabajo promovida por el cristianismo, particularmente su variante protestante, fomentó una cultura de ahorro, responsabilidad y productividad que ayudó a moldear la economía moderna occidental. Aunque algunos aspectos de sus ideas son debatidos, muchos economistas reconocen que tanto la industriosidad como la integridad tienen un impacto directo en el éxito económico de un país.

Corea del Sur

El cristianismo llegó a Corea del Sur en el siglo XVIII, pero ganó un impulso significativo en el siglo XIX con la llegada de los misioneros protestantes. No solo difundieron las enseñanzas del evangelio, sino que también establecieron escuelas modernas, hospitales, universidades y programas de alfabetización.

La enseñanza cristiana promovió la dignidad individual, la igualdad entre hombres y mujeres y la importancia de la responsabilidad personal. Estos principios contrastaban con las jerarquías tradicionales confucianas y sentaron las bases para un cambio cultural que más tarde ayudó a Corea del Sur a adaptarse a la modernización.

Los misioneros también fundaron instituciones que impulsaron la ciencia, la innovación y la educación accesible para todos. Estos principios fundamentales fueron utilizados más tarde para fomentar el crecimiento económico.

Educación y Capital Humano: La Clave del Desarrollo

Una de las principales contribuciones del cristianismo al desarrollo de Corea del Sur fue su enfoque en la educación. Los misioneros cristianos establecieron universidades de renombre, como:

- Yonsei University (fundada en 1885)

- Ewha Womans University, fundada en 1886 como la primera universidad femenina del país

Estas instituciones educaron a generaciones de líderes, científicos, emprendedores y políticos que desempeñaron un papel esencial en la construcción de la nación moderna. El cristianismo enseñó que leer la Biblia era fundamental, lo que fomentó la alfabetización masiva y convirtió la educación en una prioridad nacional.

Después de la Guerra de Corea (1950-1953), el país quedó severamente devastado. Sin embargo, a través de una alianza entre el movimiento cristiano y el gobierno, se promovió un modelo educativo centrado en el desarrollo del capital humano. Esta estrategia permitió a Corea del Sur construir industrias de alto valor agregado, como la tecnología, la electrónica y campos científicos innovadores, a pesar de contar con pocos recursos naturales.

Ética del Trabajo y Desarrollo Económico

El cristianismo en Corea del Sur también jugó un papel importante en el establecimiento de una firme ética de trabajo basada en principios bíblicos como la honestidad, la diligencia y la mayordomía.

Las iglesias cristianas enseñaron que el trabajo debe considerarse un servicio tanto a Dios como a la comunidad, promoviendo valores como:

- Responsabilidad individual
- Autodisciplina y perseverancia
- Ahorro e inversión
- Colaboración comunitaria

Estos principios se alinearon con las políticas gubernamentales de la década de 1960 y 1970, cuando el país implementó un modelo de industrialización rápida. Las comunidades cristianas desempeñaron un papel crucial al crear redes de apoyo entre emprendedores, trabajadores y educadores, lo que ayudó a impulsar el crecimiento de empresas como Samsung, Hyundai y LG, ahora reconocidas como líderes globales.

Cambio Social y Estabilidad Gubernamental

Otro aspecto crucial de la contribución cristiana fue su impacto en el fortalecimiento de las instituciones democráticas y el avance de las reformas sociales. Las iglesias jugaron un papel significativo en:

- Proteger los derechos humanos
- Combatir la corrupción
- Promover la equidad y la igualdad social

Durante la dictadura militar, los líderes cristianos jugaron un papel clave al liderar movimientos por la libertad y los derechos civiles. Sus acciones ayudaron a sentar las bases para una democracia más robusta. Esta fortaleza institucional atrajo inversión extranjera directa y fortaleció el entorno económico del país.

Resultados Notables

- La influencia combinada de la educación cristiana, la ética del trabajo y las reformas sociales contribuyó significativamente a la profunda transformación de Corea del Sur.

- En 1960, el PIB per cápita de Corea del Sur era de solo 79 USD, comparable con algunos de los países más pobres del mundo.

- Hoy en día, supera los 34,000 USD por persona, y el país es miembro de la OCDE y del G20.

- El país se destaca como uno de los mayores exportadores de tecnología, automóviles, biotecnología y cultura.

- Al fomentar la educación, la equidad, la ética del trabajo y la innovación, el cristianismo tuvo un impacto notable en la construcción del capital social y humano que hizo posible este extraordinario crecimiento económico.

Conclusión

El ejemplo de Corea del Sur muestra cómo el cristianismo puede funcionar como un motor transformador para el desarrollo socioeconómico de las naciones. No solo ofreció una base moral y espiritual, sino que también tuvo un impacto directo en la educación, la productividad, la innovación y la cohesión social. Gracias a estos cimientos, Corea del Sur pasó de la extrema pobreza a convertirse en una potencia global en menos de tres generaciones.

Cristianismo y Desarrollo Socioeconómico en África

La historia de África refleja un vínculo profundo entre la llegada del cristianismo y el inicio de procesos transformadores en la educación, la sociedad y la economía. Aunque la colonización europea tuvo impactos negativos, es innegable que las misiones cristianas fueron fundamentales en el desarrollo de sistemas escolares, hospitales, universidades, imprentas y redes comunitarias. Estas instituciones sentaron gradualmente las bases para el crecimiento económico en varios países africanos.

El cristianismo en África no solo se centró en la evangelización, sino que también tuvo un impacto significativo en la alfabetización masiva, el desarrollo del capital humano y el establecimiento de instituciones democráticas, todo lo cual es esencial para un progreso sostenible.

Educación: El Legado Más Impactante

Durante los siglos XIX y XX, los misioneros cristianos establecieron escuelas, institutos y universidades en toda África. Su objetivo principal era enseñar a leer y escribir para facilitar el estudio de la Biblia. Esto desató una ola de alfabetización que luego se convirtió en uno de los motores clave de la modernización del continente.

Ejemplos Notables:

Ghana

Los primeros sistemas de educación moderna fueron introducidos por los misioneros presbiterianos y católicos.

La Universidad de Ghana, fundada originalmente por instituciones misioneras, ha formado a líderes políticos, empresariales y científicos.

Gracias a este enfoque educativo, Ghana se convirtió en uno de los primeros países de África Occidental en establecer instituciones democráticas estables.

Nigeria

La llegada de los misioneros metodistas en el siglo XIX llevó a la creación de un sistema educativo moderno.

Universidades como Ibadan y Nsukka se desarrollaron bajo una influencia cristiana significativa.

Hoy, Nigeria se presenta como la principal economía de África, en parte debido a la formación de profesionales y emprendedores que comenzó en la era colonial.

Sudáfrica

Las misiones de la Iglesia Reformada fundaron algunas de las escuelas y universidades más notables del continente.

La Universidad de Stellenbosch y la Universidad de Ciudad del Cabo tienen raíces misioneras. Estas instituciones formaron a líderes que, después del apartheid, ayudaron a transformar el país.

Impacto en la Salud y el Bienestar Social

Las misiones cristianas desempeñaron un papel crucial en el establecimiento de los primeros hospitales y clínicas modernas en muchos países africanos. El principio cristiano de "servir al prójimo" tomó forma a través de la atención médica gratuita, campañas de vacunación y programas de nutrición.

Por ejemplo:

Kenia

Los misioneros escoceses fundaron el renombrado Hospital Tenwek, que hoy sigue siendo un centro de referencia internacional.

Uganda

Los misioneros establecieron hospitales y centros de investigación que siguen operando hoy en día.

Malawi

La cooperación entre las misiones cristianas y los gobiernos locales redujo significativamente la mortalidad infantil en varias áreas rurales.

Al mejorar la salud pública, los misioneros crearon una base más sólida para el desarrollo económico, ya que las poblaciones más saludables son más productivas y requieren menos apoyo externo.

Botswana

Desde el siglo XIX, las misiones protestantes han dejado una fuerte huella en Botswana. Después de la independencia en 1966, el país construyó instituciones transparentes y predecibles. Aunque la economía de Botswana está impulsada principalmente por los diamantes, ha gestionado sus recursos con relativa prudencia, basada en una cultura cívica marcada por la moderación. En este contexto, las iglesias han desempeñado un papel importante al contribuir a la educación, la salud y la promoción de la integridad pública.

El país destaca por tener una de las tasas de corrupción más bajas del continente y por su sólido desempeño en programas de salud comunitaria y formación técnica.

Mecanismos Principales:

- Normas de honestidad y servicio público
- Inversión social sostenible con participación de las iglesias

- Capital social que promueve la colaboración entre el estado, las empresas y las comunidades

Ruanda

Después de 1994, Ruanda se centró en la reconstrucción con énfasis en la cohesión social, la disciplina fiscal y la lucha contra la corrupción. En este contexto, las iglesias y las organizaciones cristianas desempeñaron un papel importante colaborando en áreas como la salud, la educación y la reconciliación. Proporcionaron apoyo psicosocial, capacitación laboral y promovieron proyectos productivos locales.

Como resultado, los servicios públicos han mejorado, junto con el entorno regulatorio y un clima empresarial emergente, lo que ha impulsado el crecimiento en la agroindustria, los servicios y la tecnología.

Mecanismos Notables:

- Redes de iglesias que fomentan la confianza y la cooperación
- Programas de salud y educación que aumentan la productividad
- Ética de trabajo y reconciliación como base de la estabilidad

América Latina: Desafíos y Esperanza

A lo largo de la historia, América Latina ha enfrentado numerosos desafíos laborales, como la informalidad, la explotación laboral, los bajos salarios, el desempleo estructural y la falta de políticas laborales justas. A pesar de estas dificultades persistentes, ha habido contextos en los que el cristianismo ha actuado como motor de cambio.

Chile: Varias cooperativas agrícolas inspiradas en el cristianismo han revitalizado comunidades rurales empobrecidas al convertirlas en economías sostenibles a través de la enseñanza de los principios de mayordomía y trabajo colectivo.

Colombia: Grupos como Cristianos por la Paz han establecido talleres de carpintería, costura y agricultura para excombatientes, demostrando que la reconciliación también puede lograrse a través de un trabajo digno.

Haití: El camino por delante es largo y complejo. Factores como la idiosincrasia del país, las influencias negativas de segmentos de la élite política, las altas tasas de analfabetismo y las enseñanzas de algunos líderes cristianos, a veces distorsionadas o incompletas, han limitado el impacto del evangelio en el desarrollo social y económico del país. Además, muchas personas carecen de información precisa sobre lo que realmente significa ser cristiano y malinterpretan su papel en relación con el progreso económico y social. La ausencia de liderazgo nacional comprometido a vivir según principios bíblicos en la vida pública ha dejado al país sin modelos claros para traducir estos valores en un cambio estructural sostenible.

El Efecto en la Cultura de un País

Cuando una nación fomenta una ética de trabajo basada en principios cristianos, el resultado no solo es un aumento de la productividad, sino también:
- Reducción de la corrupción administrativa
- Mayores niveles de confianza institucional
- Menos violencia y menos ocio destructivo
- Promoción de la igualdad de género y el emprendimiento social
- Mayor unidad familiar y comunitaria

El trabajo deja de ser opresivo y se convierte en una herramienta para el desarrollo personal y colectivo.

Conclusión

El trabajo no debe conducir al agotamiento, sino ser una fuente de propósito y crecimiento personal. El cristianismo enseña que los seres humanos fueron creados para producir, colaborar, construir y servir. Las naciones que integran este sentido vocacional en su cultura laboral están mejor preparadas para crecer con justicia, equidad y estabilidad.

Invertir en una ética cristiana del trabajo es un compromiso con el alma de un país. Una economía próspera surge principalmente de corazones y manos comprometidos a trabajar con excelencia, integridad y propósito.

Estas experiencias muestran que cuando el trabajo se ve como una vocación en lugar de un castigo, surgen comunidades saludables, economías locales más estables y sociedades más equitativas.

CAPÍTULO DOS

Justicia, Misericordia y Política Pública: Un Llamado a la Gobernanza Centrada en el Ser Humano

El éxito de una nación no se basa solo en la fuerza económica o el poder militar. Reposa sobre la justicia que gobierna sus instituciones y sobre cómo trata con compasión a sus ciudadanos más vulnerables. En las Escrituras, Dios se presenta no solo como juez, sino también como defensor del huérfano, protector del extranjero y redentor de los pobres. Como dice Miqueas 6:8:

Aquí hay una versión reescrita: "Oh hombre, Él te ha mostrado lo que es bueno. ¿Y qué requiere el Señor de ti? Solo hacer justicia, amar la misericordia y andar humildemente con tu Dios."

Esta tríada de justicia, misericordia y humildad proporciona una base sólida para replantear la política pública desde una perspectiva ética y cristiana. En lugar de centrarse en la búsqueda del poder por sí mismo o en el crecimiento económico impersonal, los países pueden adoptar marcos políticos que armonicen el orden legal con la compasión práctica.

¿Qué significa la justicia desde una perspectiva cristiana?

La justicia en las Escrituras no es abstracta ni estrictamente legalista. Exige acciones concretas que promuevan el bien común y protejan a los más vulnerables. Como dice el Salmo 82:3:
"Protejan al débil y al huérfano; hagan justicia al afligido y al necesitado."
En resumen, una sociedad justa no solo castiga el mal comportamiento. También previene el sufrimiento estructural, asegura oportunidades y trata a todos los ciudadanos de manera equitativa.

Aplicado a la política pública, esto implica:

- Acceso equitativo a la educación
- Atención médica de calidad para todos
- Transparencia en el gobierno
- Un sistema legal accesible y libre de corrupción
- Protección laboral para las personas vulnerables

¿Y qué significa la misericordia en el ámbito político?

La misericordia no es signo de debilidad, sino de fortaleza dirigida hacia los demás. En situaciones de pobreza, violencia o exclusión social, la política pública debe funcionar como una herramienta de sanación. Al igual que el Buen Samaritano en la parábola del Evangelio de Lucas (10:25–37), el estado debe ir más allá de la retórica y convertirse en un agente activo de ayuda, restauración y apoyo constante.

Las políticas compasivas no son actos espontáneos de caridad, sino estructuras organizadas que:

- Restauran la dignidad de quienes han caído
- Acompañan a madres solteras, personas desplazadas y a quienes luchan con adicciones
- Reintegran a exdelincuentes y veteranos de guerra
- Protegen a los niños que no tienen familia
- Brindan apoyo a los ancianos, personas con discapacidades y víctimas de violencia

Ejemplos del Pasado y el Presente

En Costa Rica, la marcada influencia del pensamiento cristiano en su constitución y sistema educativo ayudó a formar una cultura de paz, salud pública y alfabetización que hoy coloca al país entre los más estables de América Latina. La decisión de abolir el ejército en 1949 se basó en principios de pacificación y equidad.

En Haití, varias organizaciones cristianas han abogado por la reforma de los sistemas judicial y educativo con un enfoque en la justicia comunitaria y el desarrollo humano. Estas iniciativas buscan desafiar los modelos elitistas coloniales que históricamente han excluido a la mayoría económicamente desfavorecida.

En la República Dominicana, iniciativas lideradas por iglesias y ONGs cristianas han trabajado junto al estado para erradicar el trabajo infantil, rehabilitar a los jóvenes en conflicto con la ley y prevenir la violencia doméstica. Estas acciones buscan promover políticas públicas fundamentadas en valores bíblicos.

Justicia y Compasión en Políticas Globales

Incluso en contextos internacionales, los países con raíces cristianas fuertes han mostrado una tendencia a promover sistemas de bienestar. Un claro ejemplo son las naciones nórdicas, que, aunque hoy son más seculares, tienen fundamentos morales enraizados en principios cristianos relacionados con la dignidad humana, el trabajo justo y la responsabilidad social.

Un Desafío para las Naciones: Elevar la Ética en la Política Sin Mezclarla con la Creencia Religiosa

Un desafío actual es que cuando se discute el cristianismo en la esfera política, muchos lo confunden con fanatismo o imposición religiosa. Sin embargo, una fe activa en la vida pública no busca controlar. Busca servir. Como enseñó Jesús:

"El que quiera ser el primero entre ustedes debe convertirse en su servidor." (Mateo 20:27)

Por lo tanto, el objetivo no es forzar la cristianización de los gobiernos, sino infundir a las instituciones con principios eternos como el amor, la justicia, la compasión y la verdad.

Conclusión

Cuando las políticas públicas están fundamentadas en la justicia y la compasión, una nación prospera. El cristianismo proporciona principios sólidos y universales que pueden transformar a los gobiernos sin convertirse en un autoritarismo religioso. El verdadero liderazgo cristiano no impone leyes religiosas; construye puentes, protege a los vulnerables y actúa con integridad.

En las próximas páginas, examinaremos cómo estos valores se aplican específicamente en la educación con fundamentos cristianos, cultivando no solo ciudadanos bien informados, sino también personas de integridad dedicadas a servir a su nación.

CAPÍTULO TRES

Educación Basada en Valores Cristianos: Forjando el Carácter para el Progreso del País

La educación es una de las herramientas más poderosas para cambiar una sociedad. Sin embargo, no todas las formas de instrucción conducen a un cambio positivo. La formación intelectual sin una base moral puede producir personas brillantes pero corruptas y líderes competentes pero egoístas. En este contexto, la educación basada en valores cristianos presenta una alternativa esencial: formar individuos completos con conocimiento, conciencia ética y una vocación de servicio.

Desde tiempos antiguos, la Biblia ha tratado la enseñanza como un deber sagrado. En Deuteronomio 6:6-7 leemos:

"Y estas palabras que yo te mando hoy estarán sobre tu corazón. Y las repetirás a tus hijos y hablarás de ellas cuando estés en tu casa, cuando vayas por el camino, cuando te acuestes y cuando te levantes."

Este pasaje muestra que la educación cristiana no es simplemente una tarea académica. Es un proceso continuo de transmisión de principios y valores que moldean tanto el comportamiento como el futuro de las generaciones.

¿Qué significan los valores cristianos en la educación?

Los valores cristianos en la educación no implican adoctrinamiento religioso. Promueven principios universales que contribuyen al bienestar de la sociedad. Estos incluyen:
- Verdad y honestidad en el ámbito intelectual
- Respeto por los demás y por la autoridad
- Responsabilidad individual y comunitaria
- Solidaridad, servicio y humildad

Justicia, Compasión y Empatía

Al integrar estos valores en los planes de estudio de escuelas o universidades, los estudiantes no solo desarrollan habilidades de pensamiento, sino que también aprenden a vivir con integridad. Esto fortalece el tejido social, reduce la corrupción, mejora la convivencia y forma ciudadanos comprometidos con el bien común.

Impacto Social y Económico de la Educación Basada en Valores

Mejora la cultura en el lugar de trabajo y en la esfera cívica.

Los estudiantes educados en valores tienden a convertirse en trabajadores honestos, respetuosos de la ley, responsables y justos. Esto no solo incrementa la productividad, sino que también reduce los costos sociales relacionados con el crimen y el fraude.

Fomenta el Emprendimiento Ético

La educación centrada en el propósito y el servicio motiva a muchos jóvenes a lanzar proyectos que generen impacto social además de beneficios económicos.

Fomenta la Igualdad y Valora la Diversidad

El principio cristiano de que todos somos creados a imagen de Dios (Génesis 1:27) respalda el respeto por la dignidad humana y es esencial para una sociedad inclusiva.

Casos Históricos y Contemporáneos
- **Siglo XIX (Chile y Argentina):** Numerosos misioneros cristianos

establecieron algunas de las primeras escuelas rurales y hospitales. Estos esfuerzos no solo avanzaron la alfabetización, sino que también inculcaron valores de dignidad, servicio y trabajo.

- **República Dominicana:** Instituciones como la UNIBE y la PUCMM han promovido proyectos educativos que incorporan formación en ética y ciudadanía.
- **Colombia:** Organizaciones como Fe y Alegría han ayudado a transformar comunidades a través de programas educativos en áreas afectadas por la violencia.
- **Haití:** Las instituciones educativas cristianas han proporcionado oportunidades donde el sistema estatal no lo ha hecho. Por ejemplo, la red escolar de la Misión Eben-Ezer ofrece educación gratuita con un fuerte énfasis en la formación espiritual, liderazgo y responsabilidad comunitaria.

Jesucristo como Ejemplo en la Educación

Jesús fue un maestro extraordinario. Su enfoque combinaba un profundo conocimiento, empatía, firmeza moral y una gran capacidad de adaptación. Enseñó en sinagogas, en las calles, en hogares y en el campo. Usó parábolas, preguntas y experiencias prácticas para transmitir sus lecciones. Su método fue transformador porque alcanzó no solo la mente, sino también el corazón de sus oyentes.

En Lucas 2:52 leemos:
"Y Jesús crecía en sabiduría y en estatura, y en gracia para con Dios y los hombres." Este versículo captura una educación holística: crecimiento intelectual (sabiduría), desarrollo físico (estatura), formación espiritual (gracia con Dios) y madurez social (gracia con los demás).

El Papel de la Familia, la Iglesia y el Estado en la Educación Transformadora

Una educación verdaderamente transformadora no puede depender de una sola institución. Requiere la participación coordinada y complementaria de tres pilares esenciales: la familia, la iglesia y el estado. Cada uno juega un rol específico e irremplazable en el desarrollo integral de la persona humana y, por ende, en la construcción de una sociedad próspera y equitativa.

1. La Familia: Fundación de Valores, Motor del Desarrollo y Pilar de la Prosperidad Nacional

La familia es el núcleo esencial de cualquier sociedad. En el hogar, los niños reciben sus primeras lecciones de amor, respeto, responsabilidad, solidaridad y fe antes de asistir a la escuela. Es en el hogar donde se inculcan los valores, se forma el carácter, se desarrolla la conciencia moral y se prepara a las personas para enfrentar los desafíos de la vida.

La Sagrada Escritura lo confirma:

Aquí hay una versión reescrita: "Instruye al niño en su camino, y aun cuando fuere viejo, no se apartará de él."
Proverbios 22:6
El progreso socioeconómico de un país no comienza en parlamentos, universidades ni mercados financieros. Comienza en el hogar. Ahí surgen los valores que moldean cómo pensamos, trabajamos juntos y construimos comunidades prósperas y sostenibles.

La Familia como la Primera Escuela de Valores

El hogar es el primer entorno educativo y la base sobre la cual se construye todo el aprendizaje futuro. Desde sus primeros años, los niños aprenden de sus padres a través de la enseñanza directa y, sobre todo, por ejemplo. Entre estos principios esenciales se encuentran:

- Honestidad: aprender a decir la verdad en todo momento.
- Respeto: valorar la propia dignidad y la de los demás.

- Responsabilidad: cumplir con compromisos tanto personales como sociales.
- Disciplina: desarrollar hábitos de orden, dedicación y perseverancia.
- Solidaridad: cuidar a los demás y trabajar juntos.
- Fe y esperanza: confiar en Dios y mantener una visión hacia el futuro.

Una familia que abraza y comparte estos valores ayuda a formar individuos emocionalmente estables, éticamente rectos y socialmente responsables. Estos son elementos esenciales para construir sociedades fuertes y resilientes.

La Influencia de los Principios Cristianos en la Familia

El cristianismo ofrece una visión única y transformadora de la familia, viéndola como un diseño divino y un escenario de amor sacrificial. Según la enseñanza bíblica, el hogar debe ser un lugar donde se honre a Dios y donde se practiquen principios que fortalezcan la vida en común.

"Y sobre todo, vístanse de amor, que es el vínculo perfecto."

"A menos que el Señor edifique la casa, en vano trabajan los que la edifican." (Salmo 127:1)

Cuando las familias cristianas ponen primero la fe, la oración, la enseñanza bíblica y el ejemplo de la vida diaria, moldean individuos con una visión trascendental y un sentido ético de servicio que influye tanto en el desarrollo personal como en las esferas social y económica.

Familia Unida, Nación Exitosa

Estudios actuales y ejemplos históricos muestran que las sociedades con familias fuertes tienden a lograr una mayor estabilidad política, cohesión social y prosperidad económica. En países donde los hogares transmiten valores claros y promueven una educación integral, comúnmente se observan los siguientes resultados:

Aumentos Significativos en la Inversión en Capital Humano

Las familias que priorizan la educación y el aprendizaje continuo motivan a sus hijos a alcanzar niveles más altos de conocimiento y habilidades, lo que fortalece la productividad nacional.

Reducción de la Desigualdad y la Violencia

Los hogares estables brindan orientación emocional y moral, reduciendo las tasas de crimen, abuso de sustancias, embarazos adolescentes y otros problemas sociales que obstaculizan el desarrollo.

Mayor Desarrollo Económico Sostenible

Cuando valores como la disciplina, la honestidad, el trabajo en equipo y la responsabilidad financiera se aprenden en el hogar, moldean a trabajadores productivos, emprendedores rectos y ciudadanos comprometidos. Esto, a su vez, impulsa tanto la economía como la innovación.

Las Consecuencias de las Familias Disfuncionales

Por el contrario, cuando el papel educativo y moral de la familia se debilita, las repercusiones para la sociedad son significativas:

- Aumento del conflicto social y la división comunitaria
- Más corrupción y falta de ética profesional
- Mayor dependencia de los sistemas de asistencia pública
- Reducción de la competitividad económica y el capital humano

La Descomposición Familiar Limita el Potencial Nacional

La descomposición de la familia produce individuos con menos estabilidad emocional, menos disciplina y menor capacidad de resiliencia, lo que limita el potencial colectivo de un país. Esto demuestra que ninguna política económica será suficiente sin una base sólida de valores que comience en el hogar.

La Familia Cristiana como Motor de la Transformación Social

Las familias cristianas juegan un papel crucial en la reconstrucción y el fortalecimiento de la sociedad. Su misión va más allá de inculcar valores dentro del hogar; están llamadas a ser agentes transformadores en sus comunidades. Al vivir su fe, servir a sus vecinos y practicar la solidaridad, ayudan a construir redes sociales robustas y promueven el desarrollo de comunidades más justas.

Los programas religiosos que incluyen consejería familiar, apoyo a la educación, bienestar emocional y fomento del emprendimiento han demostrado que la fe puede ser un recurso poderoso para combatir la pobreza y fomentar el progreso colectivo.

Estrategias para Fortalecer el Papel de la Familia

Para que la familia cumpla su rol formativo de manera efectiva y contribuya al desarrollo socioeconómico, es esencial:

- Enseñar los valores cristianos desde la niñez
- Fomentar la comunicación y un espíritu de unidad en la familia para prevenir conflictos
- Fortalecer el rol de los padres como primeros educadores y modelos a seguir
- Unir a la iglesia, la escuela y la comunidad para crear un entorno de aprendizaje y apoyo

- Desarrollar políticas públicas que salvaguarden la unidad familiar y promuevan su estabilidad económica

Conclusión

La familia no es solo un grupo de personas unidas por la sangre. Es el núcleo fundamental de la sociedad y el lugar donde se moldea el futuro de las naciones. La fuerza del hogar es esencial porque sin ella, las economías pueden flaquear, las instituciones pueden perder cohesión y los valores pueden erosionarse. El cristianismo, al poner a Dios en el centro de la vida familiar, ofrece una base sólida para formar individuos responsables, líderes rectos y ciudadanos dedicados. Cuando las familias abrazan los principios del Evangelio, no solo transforman vidas individuales, sino que también siembran las semillas para naciones prósperas, justas y sostenibles.

"Mi familia y yo serviremos al Señor."
(Josué 24:15)

2. La Iglesia: Comunidad de Fe, Escuela de Principios y Catalizador del Cambio Social

La iglesia, entendida como una comunidad de fe, va mucho más allá de ser simplemente un lugar de reunión o un espacio dedicado al culto. Es una institución viva con la misión de formar corazones, moldear conciencias y proporcionar un marco moral y espiritual que guíe tanto las decisiones personales como colectivas. En medio de la incertidumbre, la desigualdad y las crisis sociales de hoy, la iglesia se erige como una fuente sólida de principios que ofrecen dirección, esperanza y sentido en las vidas individuales.

El apóstol Pablo lo expresó claramente:

"La iglesia del Dios vivo es columna y baluarte de la verdad."

(1 Timoteo 3:15)
Por lo tanto, la iglesia no solo resguarda la fe, sino que también actúa como una escuela de vida. Su misión es educar, guiar y servir formando personas de integridad y comunidades dedicadas al bien común.

La Iglesia como Institución Educativa de Principios Éticos

Más allá de su misión espiritual, la iglesia juega un papel fundamental como escuela que enseña valores y ética cristiana. A través de la instrucción bíblica, promueve virtudes tales como:

- Honestidad y transparencia: mantener la integridad tanto en la vida personal como profesional.
- Compasión y empatía: reconocer la dignidad de cada persona y proteger a los más vulnerables.
- Responsabilidad social: entender que cada elección personal afecta a la comunidad.
- Justicia y equidad: fomentar relaciones basadas en el respeto y la dignidad.

- Servicio al prójimo: ver cada vocación como una oportunidad para contribuir al bienestar de la comunidad.

Estos principios fortalecen el carácter de los creyentes y forman ciudadanos con una ética sólida, capaces de tomar decisiones que beneficien no solo sus propios intereses, sino también el bienestar social y económico del país.

La Iglesia: Una Respuesta en Tiempos de Crisis

En situaciones donde el tejido social ha sido comprometido por la corrupción, la violencia, la pobreza extrema o las injusticias estructurales, la iglesia puede servir como un faro de esperanza y un agente crucial de cambio.

Testimonio profético: Levanta su voz contra los sistemas opresivos, abogando por la transparencia y la justicia social.

Espacios de reconciliación: Promueve el perdón y la restauración en comunidades fracturadas por conflictos políticos, religiosos o étnicos.

Cuidado integral: Coordina acciones humanitarias, distribución de alimentos, servicios médicos y programas de reintegración laboral para poblaciones vulnerables.

Educación y formación técnica: Muchas congregaciones crean escuelas, universidades y centros de formación que ayudan a desarrollar el capital humano.

De esta manera, la iglesia va más allá de lo espiritual y se convierte en un actor clave en la reconstrucción del tejido social. Guía a las comunidades para adoptar modelos de convivencia basados en la dignidad, la solidaridad y el respeto mutuo.

Consistencia Entre la Enseñanza y la Práctica

La efectividad de la iglesia como agente de cambio está ligada a su credibilidad moral. Predicar valores no es suficiente; estos deben encarnarse en la vida diaria. Cuando la doctrina religiosa se empareja con acciones tangibles orientadas al servicio, la justicia y la compasión, la iglesia se convierte en un modelo vivo para toda la comunidad.

Una iglesia que actúa de manera consistente construye confianza y atrae a aquellos que buscan un ejemplo ético claro. Sin embargo, si hay una brecha entre lo que se predica y lo que se practica, la comunidad pierde influencia y relevancia en la vida pública.

"Así alumbre vuestra luz delante de los hombres, para que vean vuestras buenas obras y glorifiquen a vuestro Padre que está en los cielos."
(Mateo 5:16)

La credibilidad de la iglesia descansa en su capacidad para servir como ejemplo, comenzando con la transformación personal y, a través de ella, cambiando las instituciones y sistemas que componen la sociedad.

La Iglesia como Promotora de Vocaciones Transformadoras

Una de las contribuciones más impactantes de la iglesia es su capacidad para dar sentido al trabajo y a la vocación profesional. La enseñanza cristiana reconfigura el concepto tradicional de éxito. No se trata simplemente de acumular riqueza. Se trata de servir con un propósito claro.

Los creyentes comienzan a ver su profesión, ya sea en la agricultura, los negocios, la medicina, la política, la educación o las artes, como una oportunidad para honrar a Dios y contribuir al bienestar de toda la comunidad. Esta perspectiva cambia cómo entienden su rol en la sociedad y motiva:

Ética profesional: tomar las decisiones correctas, incluso cuando no son las más fáciles.

Innovación responsable: usar los talentos dados por Dios para crear un impacto positivo.

Liderazgo con propósito: guiar equipos y organizaciones hacia metas que beneficien a todos.

De esta manera, la iglesia ayuda a formar personas de integridad, trabajadores dedicados y líderes influyentes que se convierten en pilares del desarrollo sostenible.

Impacto Social y Económico de la Iglesia como Institución

La influencia de la iglesia va más allá de lo espiritual. Sus doctrinas tienen un impacto tangible en el desarrollo nacional.

Educación masiva: Las misiones cristianas tradicionalmente han establecido escuelas y universidades que han educado a generaciones de líderes, científicos, emprendedores y servidores públicos.

Reducción de desigualdades: La iglesia promueve la solidaridad a través de programas de apoyo social, becas y redes comunitarias que permiten la movilidad económica.

Salud y bienestar: Desde la fundación de hospitales hasta la ejecución de campañas preventivas, la iglesia ha jugado un papel clave en la construcción de sistemas de salud integrales.

Ética y gobernanza: Los líderes formados en valores cristianos tienden a priorizar el bien común, creando entornos de confianza que atraen inversión y proporcionan estabilidad económica.

Estas contribuciones hacen de la iglesia un aliado estratégico para el desarrollo, no solo moldeando el carácter individual, sino también fortaleciendo las instituciones y promoviendo sociedades más prósperas.

Iglesia y Reconciliación Social

En comunidades marcadas por divisiones, conflictos o heridas históricas, la iglesia tiene el potencial de actuar como mediadora y sanadora. Fomentando el perdón, la unidad y el respeto mutuo, se convierte en un catalizador de procesos de reconciliación nacional.

Ejemplos como la participación de los líderes cristianos en la transición democrática de Sudáfrica, incluyendo figuras como el arzobispo Desmond Tutu y la Comisión de Verdad y Reconciliación, muestran que la fe puede ser un instrumento poderoso para reconstruir comunidades divididas.

Conclusión

La iglesia no es solo una institución religiosa. También es una comunidad de fe, un lugar donde se enseñan principios éticos y un catalizador para la transformación social y económica. Su misión va más allá de simplemente predicar. Busca ser un testimonio vivo de servicio, justicia, compasión y esperanza.

Cuando la iglesia alinea su enseñanza con su práctica, se convierte en una luz orientadora para las naciones, formando personas de integridad, líderes responsables y comunidades unidas. En un mundo lleno de desafíos complejos, sigue siendo una fuerza impulsora que motiva a las personas a vivir con propósito y contribuir al bien común.

"Vosotros sois la luz del mundo. Una ciudad asentada sobre un monte no se puede esconder."
(Mateo 5:14)

3. El Estado: Guardián de los Derechos, Impulsor del Bien Común y Aliado Estratégico en el Desarrollo de las Naciones

El Estado es una entidad política cuyo propósito legítimo es salvaguardar los derechos fundamentales de los ciudadanos y garantizar el bien común. Su rol no se limita a hacer leyes o gestionar recursos. También incluye la creación de condiciones dignas, justas y equitativas que permitan a cada persona desarrollar plenamente su potencial individual.

Una de las responsabilidades más importantes del Estado es garantizar el acceso de todos a una educación completa, de alta calidad y asequible. Esto va más allá de simplemente construir escuelas o otorgar becas. Significa crear políticas públicas inclusivas que promuevan la igualdad de oportunidades, protejan a los niños y fortalezcan el crecimiento humano en todas sus dimensiones: académica, social, emocional, moral y espiritual.

Cuando el Estado asume genuinamente este compromiso, la educación deja de verse como un gasto presupuestario y se reconoce como una inversión estratégica en el futuro del país. Es esencial para la competitividad, la justicia social y la sostenibilidad a largo plazo.

Gobierno y Educación: Una Inversión en el Capital Humano

El crecimiento económico y social de una nación está estrechamente vinculado a su capital humano, es decir, a la formación, el conocimiento y las habilidades de sus ciudadanos. En este sentido, la educación se convierte en una herramienta altamente eficaz para combatir la pobreza, reducir la desigualdad e impulsar la innovación.

Un gobierno dedicado a la educación hace inversiones responsables en:

Infraestructura educativa: desarrollando instalaciones modernas, accesibles y seguras.

Programas y becas: brindando apoyo para que los estudiantes, independientemente de su situación económica, puedan alcanzar un alto nivel de educación.

Capacitación de alta calidad para los docentes: preparando a los maestros para convertirse en agentes de cambio.

Políticas de equidad: asegurando que los sectores vulnerables, las minorías y las áreas rurales disfruten de las mismas oportunidades que el resto de la población.

Educación integral: promoviendo no solo habilidades académicas, sino también pensamiento crítico, conciencia cívica y responsabilidad social.

Estado, Familia e Iglesia: Una Alianza Estratégica

• El desarrollo pleno de una persona y de un país no puede depender de una sola institución. Requiere una colaboración armoniosa entre tres pilares esenciales: la familia, la iglesia y el Estado.

• La familia es el primer entorno educativo donde se inculcan valores fundamentales como el respeto, la honestidad, la disciplina y la solidaridad.

• La iglesia funciona como una escuela ética y espiritual, promoviendo valores de justicia, compasión y servicio al prójimo.

• El Estado, por su parte, tiene la obligación de garantizar condiciones justas, inclusivas y equitativas que permitan a todos los ciudadanos alcanzar su desarrollo pleno.

Cuando estos tres actores trabajan juntos en armonía, los resultados son notables:

• Las personas se educan con valores firmes y habilidades profesionales.

• El tejido social se fortalece a través de la cooperación y la responsabilidad compartida.

• Se crean modelos sostenibles de desarrollo económico, innovación y justicia social.

Por otro lado, si alguno de estos pilares no cumple con su rol o lo descuida, tanto los sistemas educativos como sociales se ven perjudicados. Cuando la familia no inculca valores, la iglesia carece de coherencia o el Estado no ofrece igualdad de oportunidades, las posibilidades de lograr un cambio social significativo disminuyen considerablemente.

La Obligación del Estado en la Creación del Bienestar Colectivo

El bien común va más allá de los intereses personales e implica crear condiciones colectivas que promuevan el desarrollo integral de todos los ciudadanos. En este contexto, el Estado desempeña funciones estratégicas:

• Garantizar la justicia social mediante la implementación de políticas que reduzcan las desigualdades y amplíen las oportunidades para toda la población.

- Proteger los derechos fundamentales, garantizando la dignidad humana, la libertad de culto, la libertad de pensamiento y la igualdad legal.

- Fomentar la paz y la seguridad en la sociedad, estableciendo entornos que promuevan una convivencia armoniosa y efectiva.

- Promover la investigación y la innovación a través de la inversión en ciencia, tecnología y nuevos modelos de desarrollo económico.

Educación, Ética y Participación Cívica Activa

El Estado tiene la responsabilidad no solo de garantizar que los ciudadanos adquieran conocimiento académico, sino también de promover una educación que forme individuos éticos, críticos y comprometidos con su comunidad.

Esto requiere una estrategia educativa que incorpore:
Pensamiento crítico: instrucción en análisis, evaluación y cuestionamiento constructivo.
Civismo: educar a ciudadanos responsables, informados y activos.

Responsabilidad social: formar líderes que vean su trabajo y habilidades como un servicio al bien común.

Al fomentar estos valores, el Estado ayuda a reducir la corrupción, fortalecer las instituciones y crear un círculo virtuoso en el que la educación de calidad impulsa la prosperidad económica y la estabilidad social.

Uniendo Fuerzas para el Cambio Nacional

El verdadero progreso de una sociedad no se basa únicamente en reformas legales o programas gubernamentales aislados. El desarrollo completo ocurre cuando la familia, la iglesia y el Estado colaboran con responsabilidad compartida, formando personas de integridad que son socialmente responsables y enfocadas en el bien común.

Cuando los valores inculcados en la familia, los principios promovidos por la iglesia y las oportunidades garantizadas por el Estado trabajan juntos en armonía, el resultado es:

- Reducción de la pobreza a través de la educación y el empleo digno
- Mayor cohesión social a través del respeto, la empatía y la cooperación
- Estabilidad institucional lograda por ciudadanos más conscientes y comprometidos
- Crecimiento económico sostenible basado en la innovación y la productividad

Sin embargo, si alguno de estos tres actores abandona su misión, la expectativa de cambio disminuye. El progreso requiere responsabilidad compartida y una visión común.

Conclusión

Cuando el Estado actúa con legitimidad y compromiso, se convierte en un aliado estratégico para construir sociedades justas, educadas y prósperas. Su rol como garante de derechos y promotor del bien común es irremplazable. Su impacto aumenta significativamente cuando trabaja en asociación con la familia y la iglesia.

El verdadero desarrollo no se logra a través de la acción aislada de una sola institución. Se logra cuando todos los actores sociales asumen su responsabilidad compartida para formar ciudadanos con valores sólidos, conciencia social y un compromiso con el bien común.

"La justicia enaltece a la nación, pero el pecado es afrenta de las naciones."
(Proverbios 14:34)

El Papel de la Familia, la Iglesia y el Estado en la Educación Transformadora: El Caso de Haití

Una educación que verdaderamente transforma depende de la acción coordinada de tres pilares fundamentales: la familia, la iglesia y el Estado. Cuando estos trabajan en armonía, emerge una sociedad más estable, productiva y equitativa. Sin embargo, en contextos como Haití, donde uno o más de estos pilares son frágiles o no cumplen adecuadamente con sus funciones, aparece un ciclo vicioso marcado por la pobreza persistente, la falta de información y la desconfianza social.

La Familia: La Primera Escuela de Valores

En Haití, muchas familias enfrentan graves desafíos económicos, presiones migratorias y falta de acceso a una educación básica adecuada. Esto a menudo resulta en que los padres estén ausentes física y emocionalmente, dejando a los niños crecer sin orientación continua. Cuando el hogar no inculca valores fundamentales como la disciplina, el respeto, la honestidad y la responsabilidad, los jóvenes enfrentan un mayor riesgo de sucumbir a ideologías destructivas o adoptar prácticas sociales regresivas. Sin un núcleo familiar fuerte, es difícil esperar que cualquier otra institución pueda compensar adecuadamente la ausencia de formación moral básica y afecto

La Iglesia: Comunidad de Fe y Escuela de Principios Éticos

En Haití, muchas iglesias tienen una presencia significativa, pero no todas cumplen de manera consistente con su rol transformador. Algunas comunidades religiosas no han formado líderes dedicados a la justicia social y al desarrollo nacional. En cambio, han difundido enseñanzas incompletas o distorsionadas sobre el cristianismo que reducen la religión a un consuelo emocional desconectado de las responsabilidades cívicas y económicas. Esta desinformación ha llevado a muchos creyentes a ver su fe como algo separado del avance material y social. Una iglesia genuinamente comprometida debería enseñar que los principios bíblicos incluyen el trabajo digno, la administración responsable de los recursos y la búsqueda activa del bien común.

El Estado como Garantizador de Derechos y Promotor del Bien Común

En Haití, el Estado ha fallado en su responsabilidad de garantizar una educación universal, digna, de calidad. La corrupción, la falta de liderazgo y la incapacidad para hacer cumplir las leyes han debilitado enormemente las instituciones educativas.

Además, la ausencia de un líder nacional que encarne y promueva los principios cristianos en la vida pública ha contribuido a la falta de modelos inspiradores que generen confianza y conduzcan a esfuerzos coordinados hacia el desarrollo nacional. Sin políticas claras y efectivas, la brecha entre ricos y pobres se amplía, persiste el analfabetismo y las oportunidades de empleo formal siguen siendo limitadas.

Cuando los tres pilares trabajan en armonía, la reconstrucción de Haití no puede depender únicamente de la ayuda humanitaria o la inversión externa. Es esencial que las familias restauren su rol como los principales formadores de valores fundamentales, que la iglesia promueva y ejemplifique los principios cristianos que son relevantes para las esferas económicas y sociales, y que el Estado asegure condiciones favorables junto con políticas accesibles que ofrezcan a todos una educación transformadora. Cuando estos tres elementos cumplen efectivamente con sus roles, es posible romper el ciclo de pobreza y comenzar un camino genuino hacia el progreso sostenible. De lo contrario, cualquier cambio logrado será meramente superficial y de corta duración.

Conclusión

Una nación con educación pero sin valores carece de alma. Sin embargo, al invertir en una educación fundamentada en principios cristianos, no solo se forman trabajadores o profesionales, sino también agentes de cambio, líderes justos, padres responsables y ciudadanos comprometidos.

El futuro de una nación se forja en sus aulas. Por lo tanto, los valores transmitidos allí moldearán significativamente el bienestar social y económico de las futuras generaciones. Elegir una educación basada en principios cristianos es sembrar justicia, esperanza y estabilidad para el mañana.

CAPÍTULO CUATRO

Economía Fundamentada en Principios Bíblicos: Justicia, Equidad y Prosperidad Sostenible

Una de las concepciones erróneas más frecuentes sobre la Biblia es suponer que sus enseñanzas se limitan únicamente a la esfera espiritual y moral. Sin embargo, las Escrituras están llenas de principios económicos que han guiado la gestión responsable de los recursos, promovido la justicia social, fomentado el comercio ético y ayudado a combatir la pobreza. Con el tiempo, las naciones que han incorporado estos valores, aunque no siempre de manera perfecta, han visto aumentos en la estabilidad, el crecimiento económico y el bienestar colectivo.

En Deuteronomio 8:18 leemos:

"Recuerda al Señor tu Dios, porque Él es quien te da el poder para generar riquezas, a fin de confirmar su pacto."

Principios Fundamentales Bíblicos de la Economía

La Biblia no solo proporciona principios espirituales para la salvación individual. También establece pautas claras para el orden económico y social de una nación. Aplicadas de manera consistente, estas pautas promueven la justicia, la prosperidad sostenible y la estabilidad comunitaria.

1. Trabajo Honesto y Dedicado como Medio para la Prosperidad Económica

"Las estrategias del diligente ciertamente conducen a la abundancia, pero el que se apresura sin pensar seguramente acabará en la pobreza."

Desde la perspectiva bíblica, el trabajo no es una maldición. Es una vocación y una bendición. Dios colocó al ser humano en el Jardín del Edén "para cultivarlo y cuidarlo" (Génesis 2:15), lo que indica que el esfuerzo productivo es parte del diseño original.

El valor del trabajo: la manera legítima de adquirir recursos, desarrollar habilidades y contribuir al bienestar de la comunidad.

Planificación y perseverancia: la abundancia no llega mediante atajos o impulsos. Llega a través de procesos disciplinados que incluyen ahorrar, invertir y gestionar de manera responsable.

Implicación social: una sociedad que promueve una ética de trabajo honesto produce ciudadanos autosuficientes y reduce la dependencia de la ayuda externa.

2. Prohibición del Fraude y la Corrupción

"El Señor abomina las balanzas falsas, pero se complace en los pesos exactos."

Las Escrituras condenan toda forma de engaño en las transacciones económicas. La metáfora de la "balanza falsa" representa cualquier sistema injusto que distorsiona el verdadero valor de los bienes para obtener una ganancia indebida.

Comercio justo: precios transparentes, conducta adecuada y respeto por los acuerdos establecidos.

Transparencia y confianza: la corrupción daña la economía al erosionar la confianza, un componente esencial del intercambio y la inversión.

Impacto nacional: donde la corrupción es sistémica, los recursos se concentran en manos de unos pocos privilegiados, dejando a la mayoría sin acceso a los beneficios del desarrollo.

3. Distribución Equitativa y Provisión para los Necesitados

"El que tenga dos túnicas, comparta con el que no tiene; y el que tenga comida, haga lo mismo."

El sistema bíblico incluía mecanismos específicos para prevenir la concentración excesiva de riqueza y garantizar que los más vulnerables tuvieran acceso a lo esencial:

El diezmo: más allá de su significado espiritual, apoyaba el liderazgo religioso y proporcionaba asistencia a huérfanos, viudas y extranjeros (Deuteronomio 14:28–29).

El año sabático: cada siete años, la tierra descansaba y las deudas eran canceladas, ofreciendo alivio económico a los desfavorecidos (Éxodo 23:10–11; Deuteronomio 15:1–2).

El Jubileo: cada cincuenta años, las propiedades que se habían vendido volvían a sus dueños originales, evitando la concentración permanente de tierras (Levítico 25:10).

Estos principios no promovían la asistencia pasiva. Establecían un sistema equilibrado que protegía la dignidad de los necesitados y prevenía la desigualdad extrema.

4. Prohibición del Trabajo Explotador

"No exploten al pobre y necesitado trabajador."

Los trabajadores, especialmente aquellos en situaciones vulnerables, deben recibir un trato digno y una compensación justa.

Pago oportuno: La ley bíblica requería que los salarios se pagaran el mismo día, ya que muchos vivían día a día y dependían de esos ingresos para su comida (Levítico 19:13).

Descanso sabático: destinado no solo para los trabajadores, sino también para los animales de trabajo (Éxodo 20:8-11), reconociendo el descanso como esencial para la productividad humana.

Responsabilidad ética de los empleadores: el poder económico debe ser usado para el bien colectivo, no para aprovecharse de los necesitados.

Aplicación para el Progreso Nacional

1) Trabajo Honesto y Diligente como Fuente de Riqueza

Diagnóstico: Altos niveles de informalidad, baja productividad, migración forzada y desajuste entre la formación educativa y las demandas del mercado laboral.

Acciones: Familia/Comunidad: Escuelas vocacionales en barrios (3–6 meses) ofreciendo capacitación en carpintería, albañilería, agroprocesamiento, energía solar, costura y reparación de móviles. Incluye pasantías supervisadas con microcontratos locales.

Iglesia: Programas "Trabajo y Llamado" (teología del trabajo + desarrollo de habilidades blandas como puntualidad, atención al cliente, finanzas personales y ahorro del 10–20%).

Estado/Alianzas: Zonas de "formación dual" (empresa–taller–escuela) ofreciendo incentivos fiscales por cada aprendiz certificado y empleado durante 12 meses o más.

Finanzas Solidarias: Ahorro rotativo y microcréditos con mentoría (proporcionando no solo dinero, sino también asesoramiento sobre costos y ventas).

Indicadores: Colocación laboral a los 6 y 12 meses después de la capacitación; tasa de formalización de microempresas; productividad por ocupación; ahorro promedio por hogar.

2) Prohibición del Fraude y la Corrupción ("Balance Justo")

Diagnóstico: La corrupción sistémica socava la confianza y aumenta los costos de las transacciones.

Acciones: Iglesia y Sociedad Civil: Acuerdos sobre honestidad dentro de las congregaciones y el ámbito empresarial (regulaciones públicas, auditorías mutuas, sistema de denuncias).

Estado: Un portal único para las contrataciones públicas con datos abiertos, licitaciones electrónicas y seguimiento completo del proceso (desde la licitación hasta la adjudicación, entrega y pago).

Educación: Módulos de ética aplicada en escuelas y formación vocacional (facturación, mediciones, garantías; práctica del "precio justo").

Sanciones y Modelo Ejemplar: Suspensión efectiva por fraude, junto con divulgación pública de casos; reconocimiento anual de "Empresas de Balance Justo".

Indicadores clave: Porcentaje de procesos de contratación usando datos abiertos; tiempo promedio para pagos a proveedores; informes investigados y sancionados; encuestas de confianza ciudadana.

3) Distribución Equitativa y Provisión para los Necesitados (A través del Diezmo, Año Sabático y Jubileo)

Diagnóstico: Desigualdad persistente e inestabilidad; deudas impagas; activos improductivos.

Iglesia: Fondos de misericordia con normas definidas (alimentos, atención médica básica, educación) y oportunidades productivas (capital inicial + mentoría).

Estado: Programas de alivio de deudas para microproductores condicionados a participar en capacitación y presentar un plan de negocios; incentivos para contratar jóvenes y mujeres.

Tierra y Activos (Espíritu del Jubileo): Banco de tierras no utilizadas para arrendamiento social; cooperativas agrícolas con ventas garantizadas al sector público (por ejemplo, programas de desayuno escolar).

Sabbatical Social: Suspensión temporal de obligaciones en áreas afectadas por desastres, junto con asistencia técnica para reiniciar actividades.

Indicadores: Número de hogares que superan la pobreza extrema; microcréditos con tasas de pago efectivas; tierras cultivadas bajo modelos asociativos; tasas de matrícula y retención escolar.

4) Prohibición de la Explotación Laboral (Salarios Justos y Tiempo Adecuado de Descanso)

Diagnóstico: Salarios inconsistentes, pagos retrasados y falta de seguridad laboral.

Acciones: Marco Básico: Contratos simplificados de una página (horas, pago, seguridad), recibos digitales a través del móvil y un calendario de pagos quincenales.

Iglesia/Empresas basadas en la Fe: Certificación de "Empleo Digno" (pago puntual, equipo de protección personal, día libre, ambientes seguros para mujeres y jóvenes).

Inspección Inteligente: Línea de denuncias anónima, visitas aleatorias con listas de verificación públicas, sanciones proporcionales y capacitación correctiva.

Indicadores: Cumplimiento de plazos de pago; incidencia de accidentes laborales; tasa de rotación de personal; porcentaje de contratos debidamente documentados.

Gobernanza y Cultura: Cómo Hacer que Funcione

Consejos locales de integridad y desarrollo (familia–iglesia–empresa–estado) que implementen planes anuales, establezcan metas y generen informes trimestrales.

Desarrollo del carácter: planes de estudio para la educación primaria, secundaria y técnica que promuevan hábitos de diligencia, veracidad, servicio y ciudadanía.

Liderazgo ejemplar: pastores, empresarios y autoridades publican sus declaraciones de intereses y presupuestos para "liderar con transparencia."

Métricas de Transformación Nacional (Macro)

Aumento del empleo formal, crecimiento de la productividad sectorial, reducción de la pobreza extrema, mejora en la confianza institucional, incremento en los índices de integridad pública y disminución de las tasas de deserción escolar.

Mensaje Principal

La ética bíblica no es simplemente un adorno devocional; establece incentivos, regula el poder y ennoblece el trabajo. En Haití, alinear la cultura (representada por la familia), los principios (promovidos por la iglesia) y las instituciones (dirigidas por el estado) con estos cuatro pilares tiene el potencial de romper el ciclo de pobreza y sentar las bases para una prosperidad genuina y compartida.

Una Economía Centrada en las Personas

La economía contemporánea, particularmente en su forma más neoliberal, tiende a reducir a las personas a

simples números. En contraste, el cristianismo enseña que la economía debe orientarse hacia el bienestar humano, no al revés. Esto significa:
- Establecer restricciones a la especulación financiera que afecta negativamente a los más desfavorecidos.
- Garantizar una compensación justa.
- Fomentar el acceso a la propiedad, al crédito y al emprendimiento en los sectores marginados.
- Promover una cultura de ahorro, responsabilidad y generosidad.

Jesucristo y la Administración Prudente de los Recursos

Jesús enseñó más sobre el dinero que sobre el cielo y el infierno juntos, no porque valorara lo material por encima de lo espiritual, sino porque comprendía que la economía refleja la esencia del corazón humano. En la parábola del mayordomo fiel (Lucas 16:10), dice:

"El que es fiel en lo poco, también en lo mucho es fiel."

Jesús valoró la generosidad, como se ve en la historia de la viuda que dio todo lo que tenía. Sin embargo, también condenó actitudes como la codicia, la avaricia y el amor al dinero (Lucas 12:15). Para Él, la riqueza era una herramienta destinada a ser usada con un propósito justo.

Implicaciones para la Política Económica Nacional

Una economía basada en principios bíblicos no consiste en imponer leyes religiosas, sino en fomentar una ética de desarrollo que promueva la justicia. Esto implica:

- Desarrollar presupuestos nacionales con una perspectiva centrada en las personas.
- Eliminar beneficios fiscales para las élites corruptas.
- Invertir en educación, salud y acceso al empleo.
- Apoyar a los pequeños productores y empresarios comprometidos.
- Proteger los recursos naturales como parte de nuestra responsabilidad de administración ambiental.

Conclusión

Una economía sin valores puede ser destructiva. En cambio, una basada en principios bíblicos tiene el poder de transformar. Aunque la Biblia no ofrece soluciones mágicas, sí proporciona los cimientos para una economía moral: centrada en las personas, guiada por la justicia, impulsada por la generosidad y comprometida con la equidad.

Para que las naciones alcancen una prosperidad duradera, es necesario reevaluar los valores que rigen sus mercados, bancos, empresas y gobiernos. La bendición no se hereda; se construye cuando los principios eternos guían las decisiones temporales.

CAPÍTULO CINCO

Casos Históricos de Desarrollo Cristiano: Fe en Acción para el Bien Común

A lo largo de los siglos, el cristianismo ha demostrado que la aplicación práctica y constante de sus principios puede generar transformaciones significativas en comunidades enteras, elevar a las sociedades y promover el desarrollo sostenible. Aunque ningún país ha aplicado estos principios de manera perfecta, existen numerosos ejemplos donde la influencia del cristianismo ha sido clave para alcanzar un progreso económico y social notable.

Este capítulo destaca varios de esos casos, desde los orígenes del mundo moderno hasta experiencias actuales en Europa, Estados Unidos, América Latina y el Caribe.

Europa: El Surgimiento del Progreso Moderno Después de la Reforma

Uno de los ejemplos más analizados es el efecto de la Reforma Protestante del siglo XVI. Naciones como

Suiza, los Países Bajos, Alemania y Escocia experimentaron profundos cambios debido a una nueva perspectiva sobre la fe, el trabajo y la responsabilidad individual. Esta transformación abarcó no solo aspectos espirituales, sino también educativos, económicos y políticos.

La Reforma promovió la alfabetización universal al establecer la necesidad de aprender a leer para acceder a la Biblia. Esto condujo a reformas educativas a gran escala.

Se impulsó una ética de trabajo responsable: el trabajo se consideraba una vocación divina ("llamado"), lo que fomentaba tanto la productividad como la honestidad.

El concepto de administración financiera promovió el ahorro, la inversión prudente y la responsabilidad fiscal, lo que permitió el surgimiento de bancos éticos y empresas familiares sólidas.

Este cambio cultural contribuyó al surgimiento del capitalismo moderno, como argumenta Max Weber, y también fortaleció las estructuras democráticas, haciéndolas más sólidas y participativas.

Estados Unidos de América

En los Estados Unidos, un ejemplo destacado de cómo la fe cristiana impactó el desarrollo social, político y económico del país fue el Movimiento por los Derechos Civiles. Liderado durante las décadas de 1950 y 1960 por el Dr. Martin Luther King Jr., este movimiento se inspiró profundamente en principios bíblicos y valores cristianos para promover la justicia social, la igualdad de derechos y la dignidad humana.

A través de su enfoque en la resistencia pacífica y no violenta, King impulsó un cambio estructural de gran magnitud. La base de su liderazgo estaba arraigada en el Evangelio y en la creencia de que "toda persona es creada a imagen de Dios" (Génesis 1:27). Este principio guió la lucha contra la segregación racial, la discriminación y las injusticias sociales. King veía la fe no solo como una experiencia individual, sino también como un compromiso colectivo hacia los demás y hacia el desarrollo de una sociedad más equitativa. Para él, actuar en favor de la justicia era un mandato cristiano que trascendía las diferencias raciales, culturales y económicas.

El Papel de las Iglesias Cristianas

Las iglesias afroamericanas desempeñaron un papel fundamental en el Movimiento por los Derechos Civiles, sirviendo como centros espirituales y estratégicos para la organización comunitaria, la educación y la resistencia. En esos espacios se planificaban marchas, se brindaba apoyo legal y se fortalecía la moral de los participantes. Pastores y líderes cristianos difundieron mensajes de unidad, perdón y perseverancia, enfatizando que la lucha debía librarse no con odio, sino con amor, tal como lo enseñó

Jesús en el Sermón del Monte: "Amen a sus enemigos y oren por los que los persiguen" (Mateo 5:44).

La fe en acción movilizó a miles de personas, incluyendo no solo a comunidades afroamericanas, sino también a líderes religiosos blancos y organizaciones interdenominacionales. Estos grupos encontraron una causa común en la justicia social fundamentada en el Evangelio. La dimensión cristiana del movimiento le otorgó una fuerza moral inquebrantable, atrayendo la atención nacional e internacional hacia la realidad de la segregación racial en los Estados Unidos.

Impacto de la Legislación y la Transformación Social

La fusión del liderazgo cristiano, la movilización comunitaria y la resistencia pacífica condujo a transformaciones históricas. Dos leyes esenciales marcaron un antes y un después en la sociedad estadounidense:

- La Ley de Derechos Civiles de 1964 eliminó la discriminación en los espacios públicos, el empleo y los programas financiados por el gobierno, garantizando la igualdad de oportunidades para todos.

- La Ley de Derecho al Voto de 1965 eliminó las barreras legales que impedían a las comunidades afroamericanas ejercer su derecho al voto, fortaleciendo así la democracia y promoviendo una mayor participación cívica.

Estos avances, profundamente influenciados por la fe y los valores cristianos, transformaron la estructura social del país y sentaron las bases para nuevas generaciones que continúan luchando por la equidad y los derechos humanos.

La Fe Cristiana como Motor de Unidad Nacional

Este caso histórico demuestra que la fe cristiana, cuando se practica mediante acciones concretas orientadas al bien común, puede ser una herramienta poderosa para la transformación social y política. Los valores de compasión, solidaridad, justicia y reconciliación inspiraron a líderes, comunidades y organizaciones a trabajar juntos a pesar de las profundas divisiones raciales.

La influencia de este movimiento trascendió el ámbito religioso, impactando la cultura, la educación y la política de los Estados Unidos. Hoy, el legado del Dr. King y de las iglesias cristianas que lo apoyaron sigue siendo un ejemplo global de cómo los valores basados en la fe pueden contribuir al progreso colectivo.

Análisis Histórico del Desarrollo Cristiano: La Ética Protestante y el Auge Económico de los Estados Unidos

Además del impacto social y político del cristianismo reflejado en el Movimiento por los Derechos Civiles, otro aspecto crucial del desarrollo cristiano en Estados Unidos es la influencia de la ética protestante en la formación del modelo económico nacional.

Desde el siglo XVII, cuando los peregrinos puritanos llegaron a América del Norte en busca de libertad religiosa, la fe cristiana tuvo una profunda influencia en la cultura del trabajo, la productividad y la responsabilidad social. Estos grupos predominantemente protestantes creían que el trabajo no era simplemente un medio para ganarse la vida, sino un llamado divino otorgado por Dios. Su propósito iba más allá de acumular riqueza personal; también buscaban contribuir al bienestar colectivo y fomentar el desarrollo comunitario.

El Inicio de la Ética del Trabajo Protestante

La raíz de esta mentalidad proviene de la interpretación bíblica de la mayordomía: los seres humanos son administradores de los recursos y talentos que Dios les ha otorgado. Según este principio, cualidades como la disciplina, la organización, la honestidad y el esfuerzo se consideran expresiones de fe. Realizar el trabajo con excelencia y responsabilidad era visto como una forma de adoración a Dios.

El sociólogo alemán Max Weber, en su obra La Ética Protestante y el Espíritu del Capitalismo (1905), señala que estas ideas favorecieron el surgimiento de una mentalidad emprendedora y productiva en las colonias americanas. La austeridad, el ahorro, la inversión en educación y el rechazo a la ociosidad se convirtieron en valores fundamentales de esa sociedad, fomentando una cultura orientada hacia la autosuficiencia y el progreso colectivo.

Impacto Histórico en la Sociedad Estadounidense

Durante los siglos XVIII y XIX, los valores cristianos tuvieron un impacto directo en el crecimiento de la economía estadounidense. Las comunidades protestantes promovieron la educación masiva mediante escuelas y universidades establecidas por iglesias. Impulsaron la innovación tecnológica y el desarrollo de pequeñas y medianas empresas, integrando firmemente la idea de que alcanzar la prosperidad material debía ir acompañado de una responsabilidad moral hacia los demás.

Este modelo inspiró principios fundamentales como:

- El espíritu empresarial basado en la libertad de iniciativa y el esfuerzo continuo.
- La responsabilidad comunitaria mediante la participación activa en el progreso social.
- La colaboración entre diferentes denominaciones, donde varias iglesias se unieron para promover programas educativos, hospitales y servicios sociales. Gracias a esta perspectiva, Estados Unidos experimentó un crecimiento económico sostenido, consolidándose como una de las naciones más prósperas e influyentes del mundo.

Cristianismo, Prosperidad y Bienestar Colectivo

Aunque la prosperidad material fue uno de los resultados más visibles de la ética protestante, el verdadero impacto del cristianismo en el desarrollo de los Estados Unidos radica en su énfasis en la integridad moral, la equidad y el servicio social. Diversos líderes e iglesias cristianas dedicaron sus recursos a proyectos comunitarios, misiones, hospitales y programas de bienestar, creando una red de apoyo social que benefició a millones de personas.

Esta conexión entre la fe, el trabajo y el bien común sentó las bases de una cultura que valora la responsabilidad personal, la educación, la innovación y la solidaridad. Incluso hoy, numerosas instituciones estadounidenses, desde universidades hasta organizaciones benéficas, mantienen raíces profundas en los principios cristianos que guiaron a los primeros colonos e influyeron en el desarrollo del país.

Conclusión

Tanto el Movimiento por los Derechos Civiles, liderado por Martin Luther King Jr., como la ética protestante en el desarrollo económico del país representan dos aspectos distintos pero complementarios del desarrollo cristiano en los Estados Unidos. Por un lado, la fe impulsó una lucha por la justicia social; por otro, sirvió como catalizador para fomentar la prosperidad y la responsabilidad dentro de las comunidades.

Estos casos demuestran que cuando los valores cristianos, como el amor al prójimo, la disciplina, la solidaridad y la justicia, se ponen en práctica diaria, no solo transforman vidas individuales. También provocan cambios estructurales en toda una sociedad al influir en su política, economía y cultura.

Un Caso Histórico del Desarrollo Cristiano: El Papel del Cristianismo en la Abolición de la Esclavitud en los Estados Unidos

Durante los siglos XVIII y XIX, la esclavitud simbolizó una de las mayores contradicciones morales en los Estados Unidos recién formados. A pesar de que los principios fundacionales del país proclamaban la libertad, la igualdad y la dignidad humana, millones de afroamericanos soportaban condiciones inhumanas dentro de un sistema de esclavitud profundamente arraigado, especialmente en los estados del sur.

Ante esta situación, las iglesias cristianas, junto con líderes religiosos y activistas motivados por su fe, desempeñaron un papel crucial en el movimiento abolicionista. Su convicción se basaba en la idea central del cristianismo: todos los seres humanos son creados a imagen y semejanza de Dios (Génesis 1:27). Esto hacía que la esclavitud fuera incompatible con los valores bíblicos de justicia, dignidad y amor al prójimo.

Abolicionismo y Cristianismo

Desde finales del siglo XVIII, varias congregaciones protestantes —especialmente cuáqueros, metodistas, bautistas y presbiterianos— comenzaron a cuestionar públicamente la legitimidad de la esclavitud. Los cuáqueros fueron pioneros en la creación de sociedades antiesclavistas y en el establecimiento de redes para ayudar a los esclavos fugitivos.

El mensaje era claro: no se trataba simplemente de un dilema político o económico, sino de una lucha moral y espiritual. Basándose en pasajes como Gálatas 3:28, "Ya no hay judío ni griego, esclavo ni libre, hombre ni mujer, porque todos ustedes son uno en Cristo Jesús," los abolicionistas cristianos sostenían que la esclavitud contradecía el núcleo del Evangelio.

Líderes como William Lloyd Garrison y Harriet Beecher Stowe, autora de La cabaña del tío Tom, lograron movilizar a miles de personas mediante discursos, literatura y campañas nacionales. Estas actividades expusieron el sufrimiento de los esclavos y despertaron una conciencia moral en toda la nación.

El Ferrocarril Subterráneo: Fe en Acción

Un ejemplo destacado de cómo la fe cristiana se transformó en acciones concretas fue el "Ferrocarril Subterráneo." Esta red secreta consistía en rutas, casas seguras y refugios que ayudaban a los esclavos a escapar hacia los estados libres del norte o Canadá. Este sistema clandestino fue establecido principalmente por cristianos comprometidos con los principios del Evangelio, quienes arriesgaban sus vidas, propiedades y libertad para ofrecer refugio, alimento y orientación a las personas fugitivas.

Figuras como Harriet Tubman, apodada "Moisés" por su liderazgo en estas misiones, condujeron a cientos de esclavos hacia la libertad. Su inspiración provenía de una fe inquebrantable y de la firme convicción de que estaba cumpliendo un mandato divino.

El Efecto Legislativo y el Fin del Conflicto

El esfuerzo persistente de los movimientos cristianos y de los líderes abolicionistas generó una presión social y política crucial que impulsó cambios legislativos. Como resultado, después de la Guerra Civil

(1861–1865), se logró un acontecimiento histórico con la ratificación de la Decimotercera Enmienda a la Constitución de los Estados Unidos en 1865, la cual abolió oficialmente la esclavitud en todo el país.

El impacto del cristianismo fue fundamental, no solo al inspirar la lucha, sino también al proporcionar un marco moral para las decisiones políticas que llevaron a la liberación de millones de personas. Este movimiento demostró cómo la fe puede convertirse en una fuerza transformadora cuando se combina con el principio de justicia, desafiando y modificando estructuras sociales y políticas profundamente arraigadas.

Legado y Enseñanzas para la Sociedad Contemporánea

El proceso de abolición de la esclavitud en los Estados Unidos ilustra cómo una práctica activa del cristianismo, comprometida con la dignidad y la libertad humanas, puede conducir a transformaciones históricas significativas. Los principios de justicia, igualdad y amor al prójimo se convirtieron en fuerzas impulsoras que superaron barreras denominacionales, raciales y sociales.

Hoy en día, este legado sigue inspirando a los movimientos contemporáneos que buscan erradicar desigualdades, combatir la discriminación y promover los derechos humanos, bajo la misma visión de que toda vida posee un valor incalculable ante los ojos de Dios.

Resumen General de los Tres Casos

1. A través del Movimiento por los Derechos Civiles, la fe cristiana demostró su capacidad para superar barreras sociales y abogar por la igualdad.
2. Con la Ética Protestante, la fe promovió tanto el crecimiento económico como el sentido de responsabilidad hacia la comunidad.
3. Con la Abolición de la Esclavitud, la fe se convirtió en una fuerza impulsora hacia la libertad, la justicia y la restauración.

Estos tres ejemplos muestran que la fe cristiana, cuando se orienta al bien común, tiene el poder de generar cambios significativos capaces de transformar tanto las vidas individuales como el destino completo de una nación.

América Latina y el Caribe: Ejemplos de Transformación con Raíces Cristianas

A lo largo de la historia, América Latina y el Caribe han enfrentado numerosos desafíos complejos, marcados por conflictos armados, desigualdades sociales, tensiones políticas y crisis económicas. En este contexto, el cristianismo ha desempeñado un papel crucial como agente de transformación social, espiritual y comunitaria. Las iglesias católicas, evangélicas e instituciones interdenominacionales han trabajado constantemente para restaurar la dignidad humana, promover la justicia social y fortalecer los lazos comunitarios.

Uno de los ejemplos más notables de este impacto positivo se encuentra en Colombia, un país profundamente afectado por más de cincuenta años de conflicto armado interno. La participación de las comunidades cristianas en los procesos de reconciliación, construcción de paz y reconstrucción social demuestra claramente cómo la fe puede transformarse en acciones concretas por el bien común.

Reconciliación y Paz en Colombia

En el proceso de desmovilización y reintegración de excombatientes en Colombia, especialmente desde los acuerdos de paz firmados en 2016 entre el gobierno y las Fuerzas Armadas Revolucionarias de Colombia (FARC), diversas iglesias cristianas evangélicas y organizaciones basadas en la fe desempeñaron un papel crucial.

Además de ofrecer apoyo espiritual, estas iglesias implementaron programas integrales dirigidos tanto a los excombatientes como a las comunidades afectadas por el conflicto. Algunas de sus contribuciones más destacadas incluyen:

Apoyo espiritual y moral: a través de consejería pastoral, programas de discipulado y espacios de sanación emocional, muchas personas descubrieron un nuevo propósito de vida basado en los valores cristianos del perdón, la restauración y la reconciliación.

Programas de alfabetización y educación básica: varias iglesias impulsaron iniciativas para combatir el analfabetismo entre los excombatientes, ayudándolos a completar su educación académica y facilitar su integración laboral.

Capacitación laboral y emprendimiento: en colaboración con organizaciones no gubernamentales y el sector privado, las iglesias desarrollaron talleres técnicos en áreas como agricultura, carpintería, panadería y tecnología.

Apoyo psicológico y recuperación emocional: grupos de psicólogos y terapeutas, muchos vinculados a ministerios cristianos, trabajaron en la sanación del trauma causado por la violencia y en la reconstrucción de la autoestima y la confianza en el entorno civil.

El Papel de la Fe en la Construcción de la Paz

La contribución más destacada de las comunidades cristianas en Colombia ha sido el fomento de una cultura de paz. Basadas en valores bíblicos como "Bienaventurados los pacificadores, porque serán llamados hijos de Dios" (Mateo 5:9), las iglesias han desempeñado un papel crucial en la redefinición de los conceptos de perdón y reconciliación a nivel individual y colectivo.

Los líderes cristianos animaron a las víctimas a romper los ciclos de odio y venganza, y alentaron a los excombatientes a asumir la responsabilidad moral de sus acciones, reconstruyendo sus vidas sobre principios de dignidad y respeto. En varias zonas rurales, donde la presencia del Estado era limitada, las iglesias se convirtieron en espacios seguros para el diálogo entre víctimas, victimarios y autoridades locales. Esto facilitó procesos de justicia restaurativa y promovió la cohesión social.

Impacto en la Sociedad y la Comunidad

Los esfuerzos de las iglesias cristianas en Colombia han producido resultados concretos:

• Reducción de la reincidencia en actos violentos: los excombatientes que participaron en programas cristianos de formación y reintegración mostraron mayores tasas de éxito al desarrollar nuevos proyectos de vida significativos.

• Empoderamiento de comunidades vulnerables: las iniciativas de reconciliación fomentaron relaciones pacíficas entre grupos históricamente enfrentados, creando espacios de cooperación y desarrollo conjunto.

• Creación de redes de solidaridad: iglesias, ONG, líderes comunitarios y entidades gubernamentales establecieron alianzas estratégicas para atender integralmente las necesidades de las poblaciones afectadas.

Desarrollo Rural - República Dominicana

En la República Dominicana, el cristianismo ha sido crucial en la transformación de comunidades rurales social y económicamente desfavorecidas. A través de la cooperación entre organizaciones cristianas internacionales como World Vision y Visión Mundial, junto con iglesias locales, se han implementado proyectos integrales para mejorar la calidad de vida, fortalecer los lazos comunitarios y fomentar el desarrollo sostenible.

Estas organizaciones se basan en los principios de compasión, justicia y servicio al prójimo, valores profundamente arraigados en el mensaje cristiano. Su misión principal es ofrecer soluciones prácticas a las necesidades urgentes, combinando la ayuda humanitaria con la capacitación comunitaria para lograr un impacto sostenible.

Acceso al Agua Potable y Servicios Básicos de Saneamiento

Uno de los avances más notables en las comunidades rurales de la República Dominicana ha sido el establecimiento de sistemas de agua potable en zonas donde históricamente faltaba infraestructura básica. Gracias a asociaciones estratégicas con iglesias locales, líderes comunitarios y autoridades municipales, World Vision y Visión Mundial han llevado a cabo proyectos que incluyen:

- La instalación de pozos excavados manualmente y sistemas de bombeo para garantizar un suministro constante de agua potable.
- La implementación de redes de distribución comunitarias para abastecer a familias, escuelas y centros de salud.
- La capacitación en higiene y saneamiento para reducir el riesgo de enfermedades transmitidas por el agua, especialmente entre niños y poblaciones vulnerables.

Estos programas han reducido significativamente la incidencia de enfermedades gastrointestinales y mejorado los indicadores de salud pública, demostrando un impacto directo y sostenible en la calidad de vida de miles de familias.

Agricultura Sostenible y Seguridad Alimentaria

La pobreza en las zonas rurales de la República Dominicana está profundamente vinculada con la falta de acceso a tecnologías agrícolas avanzadas y la dependencia de métodos tradicionales de cultivo. Para abordar este problema, diversas organizaciones cristianas han lanzado programas centrados en la agricultura sostenible. Estos programas promueven prácticas productivas respetuosas con el medio ambiente y fortalecen la resiliencia económica de las comunidades locales.

Al introducir técnicas agrícolas innovadoras y ofrecer acceso a recursos como semillas de alta calidad, herramientas y formación, estas organizaciones ayudan a los agricultores a mejorar sus rendimientos mientras protegen el entorno. El enfoque en la sostenibilidad garantiza que los métodos agrícolas sean viables a largo plazo, empoderando a las comunidades para ser más autosuficientes y reducir su vulnerabilidad ante crisis económicas y ambientales.

Las iniciativas más importantes incluyen:

• Capacitación técnica para agricultores en técnicas de siembra, rotación de cultivos y gestión eficiente del suelo.

• Implementación de sistemas de riego por goteo y tecnologías que optimizan el uso del agua.

• Diversificación de cultivos para asegurar la seguridad alimentaria y reducir la dependencia de monocultivos.

• Acceso a microcréditos y apoyo financiero para pequeños productores, promoviendo el emprendimiento rural sostenible.

Gracias a estos esfuerzos, muchas familias han logrado aumentar la producción agrícola, generar excedentes para vender en los mercados locales y fortalecer la economía comunitaria. Esto ha creado un círculo virtuoso de progreso y autosuficiencia.

Educación Básica y Desarrollo Integral de la Niñez

En las zonas rurales desfavorecidas, el acceso a la educación básica representa uno de los principales desafíos para el desarrollo humano. Las organizaciones cristianas, en colaboración con las iglesias locales, han impulsado programas educativos enfocados en garantizar que los niños y jóvenes de estas comunidades tengan oportunidades reales de progreso. Estas iniciativas buscan cerrar la brecha educativa proporcionando recursos, infraestructura y apoyo para que los jóvenes alcancen su potencial y rompan el ciclo de la pobreza.

A través de estos esfuerzos, las organizaciones cristianas desempeñan un papel clave en la creación de oportunidades a largo plazo para el crecimiento personal y comunitario.

Los proyectos incluyen:

• Construcción y equipamiento de escuelas comunitarias con recursos adaptados a los entornos rurales.

• Programas de alfabetización para niños y adultos, reduciendo significativamente las tasas de analfabetismo.

• Educación en valores cristianos que promueve la solidaridad, el respeto y la responsabilidad social.

- Becas y apoyo educativo para familias de bajos ingresos, previniendo la deserción escolar.

Gracias a estas iniciativas, la perspectiva de cientos de comunidades rurales se ha transformado por completo, brindando a las nuevas generaciones acceso a un futuro más digno y lleno de oportunidades.

Impacto en la Sociedad y Consolidación Comunitaria

El éxito de estos proyectos va más allá de las mejoras individuales, ya que han impulsado procesos de transformación social y fortalecimiento de los lazos comunitarios. Las iglesias locales funcionan como centros de coordinación, fomentando el diálogo entre familias, organizaciones y líderes comunitarios.

La colaboración ha promovido valores como la solidaridad, la responsabilidad compartida y el liderazgo participativo, fortaleciendo comunidades más cohesionadas y resilientes ante los desafíos económicos, ambientales y sociales.

Además, estas iniciativas han contribuido a reducir la migración forzada desde las zonas rurales hacia las ciudades o el extranjero, al crear oportunidades reales de desarrollo económico local.

Reconstrucción Comunitaria: Haití Después del Terremoto de 2010

El 12 de enero de 2010, Haití fue sacudido por un devastador terremoto de magnitud 7.0 que causó la muerte de más de 220,000 personas, dejó cientos de miles de heridos y aproximadamente 1.5 millones de desplazados. Este desastre destruyó gran parte de la infraestructura del país; hospitales, escuelas, viviendas y edificios gubernamentales colapsaron bajo el impacto del sismo, sumiendo a la nación en una crisis humanitaria sin precedentes.

En medio de este escenario de sufrimiento y desesperación, tanto las iglesias cristianas locales como las internacionales surgieron como actores clave en la respuesta inmediata y en el proceso a largo plazo de reconstrucción comunitaria. La fe cristiana fue más allá de la oración o el consuelo espiritual; se convirtió en una fuerza organizada y sostenible que salvó vidas y sentó las bases para la recuperación social y económica del país.

Las Iglesias como Lugares de Apoyo y Refugio

Cuando el sistema gubernamental y los servicios básicos colapsaron, las iglesias cristianas se transformaron en los principales centros de coordinación comunitaria. Gracias a su fuerte presencia en barrios, zonas rurales y comunidades remotas, estas iglesias se convirtieron en puntos clave para la provisión de asistencia integral. No solo ofrecieron alivio inmediato, sino que también organizaron esfuerzos de recuperación a largo plazo, asegurando que los más afectados por el desastre recibieran el apoyo necesario. Aprovechando sus redes y relaciones locales, las iglesias desempeñaron un papel central en la restauración del orden y la esperanza en medio del caos.

Las acciones realizadas fueron:

- Adaptación de instalaciones eclesiásticas como refugios temporales para albergar a familias desplazadas.

- Distribución de alimentos y agua potable, gestionando donaciones nacionales e internacionales.

- Prestación de servicios básicos de salud mediante brigadas voluntarias, en colaboración con misiones cristianas internacionales.

- Creación de espacios de apoyo emocional y espiritual, ofreciendo atención pastoral a quienes habían perdido familiares o medios de vida.

La red cristiana en Haití, apoyada por organizaciones internacionales como World Vision, Compassion International y Samaritan's Purse, desempeñó un papel crucial para llegar a comunidades a las que la ayuda gubernamental no podía acceder.

Educación en Tiempos de Crisis: Escuelas Temporales y Capacitación Comunitaria

Uno de los desafíos más inmediatos después del terremoto fue garantizar el acceso a la educación, ya que más del 80% de las escuelas de Puerto Príncipe y sus alrededores fueron destruidas o quedaron inutilizables. Para enfrentar esta situación, las iglesias cristianas establecieron escuelas temporales en carpas, patios y centros comunitarios. Estas escuelas improvisadas brindaron a los niños la oportunidad de continuar su educación incluso después del desastre, ofreciendo un sentido de estabilidad y esperanza para el futuro.

El resultado de estas iniciativas fue:

• Restaurar la continuidad educativa para miles de niños y adolescentes, evitando un retroceso educativo a largo plazo.

• Incorporar programas de apoyo psicosocial para abordar el trauma y promover la resiliencia emocional.

• Capacitar a líderes comunitarios y maestros voluntarios para garantizar la educación básica en situaciones de emergencia.

• Integrar valores cristianos en la reconstrucción de la identidad colectiva, fortaleciendo la esperanza y la solidaridad.

Estas escuelas temporales no solo ofrecieron una sensación de normalidad a las familias afectadas, sino que también protegieron a los niños de peligros adicionales como el reclutamiento por grupos delictivos, la trata de personas o la explotación laboral.

Cristianismo en Acción: De la Oración a la Organización

El impacto de las iglesias cristianas en Haití fue más allá de las acciones caritativas inmediatas. La magnitud del desastre hizo necesario pasar de la ayuda humanitaria a corto plazo a una organización más estructurada enfocada en la reconstrucción comunitaria. Los valores del Reino de Dios, como la justicia, la misericordia, la integridad, el servicio y la esperanza, inspiraron el desarrollo de programas sostenibles. Entre ellos se encuentran:

Viviendas Seguras y Duraderas:
Las iglesias, en colaboración con ONG cristianas, construyeron viviendas capaces de resistir terremotos y huracanes.

Proyectos de Desarrollo Económico:
La capacitación en oficios, el apoyo a microempresas y el acceso al microcrédito para familias afectadas fueron esenciales para restaurar los medios de vida.

Fortalecimiento de la Salud Comunitaria:
Se implementaron clínicas móviles y programas de vacunación en zonas sin acceso a hospitales, mejorando los servicios de salud.

Desarrollo del Liderazgo Local:

Se ofreció capacitación en gestión comunitaria para empoderar a las comunidades y fomentar su participación en los procesos de toma de decisiones. Este modelo demostró que la fe cristiana, más allá de ser un consuelo emocional, puede transformarse en una fuerza organizativa capaz de movilizar recursos, coordinar esfuerzos y fomentar cambios estructurales.

Impacto en la Sociedad y la Fortaleza Comunitaria

Más de una década después del terremoto, los resultados del trabajo realizado por iglesias y organizaciones cristianas en Haití siguen siendo evidentes.

Reducción de la Vulnerabilidad Social:
Las comunidades ahora tienen acceso a vivienda, educación y agua potable, lo que ha mejorado significativamente sus condiciones de vida y reducido su vulnerabilidad ante futuras crisis.

Fortalecimiento de la Cohesión Comunitaria:
La creación de espacios donde víctimas, líderes locales y organizaciones trabajaron juntos hacia metas comunes ha contribuido a formar comunidades más fuertes y unidas, fomentando la responsabilidad compartida y la cooperación.

Preparación ante Futuros Desastres:
La implementación de sistemas de alerta temprana y estrategias de respuesta vinculadas a redes comunitarias cristianas ha mejorado la preparación del

país ante desastres, garantizando una respuesta más rápida y coordinada en emergencias futuras.

La Fe como Motor de Resiliencia:
Lejos de ser pasiva, la fe sirvió como motor de resiliencia, transformando la desesperanza en acciones concretas de reconstrucción y ayudando a las comunidades a reconstruir y encontrar esperanza tras el desastre.

Cristianismo y Desarrollo Sostenible

El caso de Haití demuestra que la práctica del cristianismo va más allá de la oración individual. Es una fe estructurada, movilizada y convertida en acciones concretas que trabaja en estrecha colaboración con comunidades, gobiernos locales y organizaciones internacionales. Esto muestra un modelo en el que la iglesia actúa como un agente activo del desarrollo sostenible, combinando valores espirituales con estrategias sociales, económicas y educativas. El testimonio de la iglesia haitiana después del terremoto confirma que el cristianismo no es un obstáculo para el progreso, sino un catalizador de transformación integral.

Conclusión

La historia demuestra que cuando la fe y la acción se complementan, se logra un desarrollo sostenible, inclusivo y equitativo. No es casualidad que muchas de las instituciones más confiables, como escuelas, hospitales y organizaciones humanitarias, hayan surgido de una cosmovisión cristiana. Los casos presentados aquí no son excepciones aisladas, sino modelos que pueden inspirar a las naciones actuales. Si el cristianismo fue capaz de lograr tanto en tiempos de persecución, escasez o crisis, ¿cuánto más podría alcanzar si las naciones lo asumieran seriamente como guía ética y social?

CAPÍTULO SEIS

Cristianismo y Compromiso Social: Una Fe que Actúa, una Nación que Prospera

Uno de los fundamentos del cristianismo genuino es la responsabilidad social. No basta con tener fe en Dios o vivir una espiritualidad personal confinada a las iglesias. Un verdadero seguidor de Cristo lleva su creencia más allá, participando activamente en las calles, hospitales, comunidades desfavorecidas, sistemas educativos y estructuras gubernamentales.

En los versículos 13 y 14 del capítulo 5 de Mateo, Jesús dijo:
"Ustedes son la sal de la tierra... Ustedes son la luz del mundo."

Estas metáforas no son pasivas. Implican presencia, impacto y transformación. La sal conserva, sana y da sabor. La luz ilumina, guía y revela. En otras palabras, los cristianos tienen una responsabilidad tanto pública como espiritual.

¿Qué significa la responsabilidad social desde una perspectiva cristiana?

La responsabilidad social cristiana implica un compromiso deliberado de practicar la fe de maneras que beneficien a los demás, especialmente a los más desfavorecidos, promoviendo la justicia, el bienestar y el amor al prójimo. No se trata de actos filantrópicos ocasionales, sino de vivir constantemente conforme al mandato bíblico del servicio.

"Porque tuve hambre y me dieron de comer; tuve sed y me dieron de beber; fui forastero y me recibieron..." (Mateo 25:35)
Este pasaje resume la esencia del cristianismo en práctica. La fe va más allá de ser una doctrina, se traduce en acción. Por esta razón, muchos de los grandes movimientos de cambio social en la historia surgieron de una profunda convicción cristiana.

Implicaciones en los ámbitos social y económico

Cuando las personas, familias, iglesias y gobiernos actúan basados en una ética cristiana de responsabilidad social, se generan resultados positivos como:
- Reducción de la pobreza sistémica
- Mayor participación comunitaria y cívica
- Fortalecimiento de las redes de apoyo social
- Reducción de la violencia derivada del abandono social
- Promoción del voluntariado, el activismo ético y la justicia restaurativa

Además, se promueve un modelo de ciudadanía donde los deberes y el amor tienen la misma importancia que los derechos.

Ejemplos actuales de responsabilidad social cristiana

Iglesias como centros comunitarios dinámicos:
En muchas zonas rurales de América Latina, la iglesia se destaca como el único punto de encuentro para actividades comunitarias, educativas y culturales. A menudo suple la ausencia del Estado, proporcionando servicios esenciales. La presencia cristiana ha facilitado la creación de bibliotecas, clínicas móviles, campañas de alfabetización y comedores comunitarios.

Empresas con responsabilidad ética basadas en principios cristianos:

En países como Chile, México y la República Dominicana, algunos empresarios cristianos han fundado compañías con un propósito más allá del lucro: transformar vidas. Lo logran ofreciendo empleo a exconvictos, promoviendo el comercio justo, respetando el medio ambiente y compartiendo utilidades con causas sociales.

Grupos juveniles cristianos dedicados al servicio:

Iniciativas como Un Techo para mi País, La Ola y Juventud con una Misión movilizan a miles de jóvenes creyentes para construir viviendas, enseñar, limpiar playas, acompañar a enfermos y sembrar esperanza.

El papel de la Iglesia en el cambio social

La Iglesia, concebida no solo como institución sino como comunidad de creyentes, desempeña un papel estratégico en la regeneración del tejido social. Su deber es:

- Ser voz profética que denuncie la injusticia. La Iglesia alza su voz por los que no son escuchados y exige justicia en todos los ámbitos de la vida.
- Ser manos que sirven, brindando apoyo a los necesitados. Más allá de las palabras, la Iglesia actúa mediante ayuda práctica, ofreciendo alimento, refugio y atención médica.
- Ser puente de reconciliación, restaurando relaciones rotas. Fomenta la paz y la sanidad entre individuos, comunidades y naciones divididas por conflictos.
- Ser motor de servicio, organizando soluciones sostenibles a los problemas estructurales. No se limita a atender necesidades inmediatas, sino que promueve estrategias a largo plazo para erradicar la pobreza y la desigualdad.

Cuando la Iglesia se limita a predicar sin actuar, pierde su autoridad. Pero cuando actúa con amor, humildad y justicia, se convierte en un faro de cambio.

Jesús, el máximo ejemplo de responsabilidad social

Jesús no fundó un partido político, pero desafió sistemas opresivos. No creó una ONG, pero alimentó multitudes, sanó enfermos, acogió excluidos y dignificó a las mujeres. Su vida fue un testimonio vivo de que la fe debe atender las heridas del mundo.

"El Espíritu del Señor está sobre mí... me ha enviado a sanar a los quebrantados de corazón, a proclamar libertad a los cautivos y vista a los ciegos..." (Lucas 4:18)

Conclusión

El motor detrás de toda revolución es la ideología. Hablar de transformación sin una base ideológica sólida sería un error, ya que la ideología ofrece convicciones, sentido común y dirección a una nación. Es lo que alimenta a los ciudadanos con la determinación de luchar por el cambio, compartiendo fe, sentimientos e ideales comunes.

Un país no se transforma solo aprobando leyes o construyendo infraestructura. Estos son instrumentos necesarios, pero insuficientes. El cambio real ocurre cuando los ciudadanos asumen la responsabilidad de su compromiso con el bien común. En este contexto, la ideología actúa como un marco que alinea las acciones individuales con los objetivos nacionales.

El cristianismo genuino tiene el poder de formar este tipo de ciudadanía. Más que una creencia religiosa, ofrece una forma de vida que impulsa valores como la solidaridad, la justicia, el respeto y el amor al prójimo. Cuando estos principios se aplican en la vida diaria, producen ciudadanos responsables y comprometidos con el bien común.

Por lo tanto, el cambio social y nacional no se limita a los aspectos materiales, también exige una transformación de la conciencia. Las convicciones ideológicas motivan a las personas a perseverar, actuar con coherencia y mantener la unidad de propósito incluso ante las dificultades.

En resumen, una nación que desea una transformación verdadera debe apoyarse en una ideología que unifique, motive y movilice a su población. Cuando esa ideología se nutre de principios cristianos vividos con autenticidad, se convierte en una fuerza capaz de formar ciudadanos responsables y guiar al país hacia la justicia y el desarrollo sostenible. Cuanto más se asemeje la administración de una nación al Reino de Dios, basada en la justicia, la misericordia, el servicio y la verdad, mayor será su prosperidad, porque estará construida sobre valores eternos que fortalecen los aspectos morales, sociales, políticos y económicos del país.

CAPÍTULO SIETE

Separación entre la Iglesia y el Estado: ¿Una Barrera o una Oportunidad?

En muchas sociedades modernas, la expresión "separación entre la iglesia y el estado" se interpreta como una declaración de hostilidad hacia la presencia de la fe en la esfera pública. Esta percepción ha llevado a la marginación de los valores morales tradicionales y a una desconfianza hacia los asuntos religiosos dentro del gobierno. Sin embargo, esta separación no tiene por qué ser un impedimento. Desde una perspectiva cristiana, puede representar una oportunidad para purificar el testimonio de la fe, mantener su integridad y asegurar su influencia social sin necesidad de imposiciones coercitivas.

Jesús mismo estableció la distinción entre lo civil y lo divino cuando dijo:
"Den al César lo que es del César, y a Dios lo que es de Dios." (Marcos 12:17)
Esta afirmación no busca dividir al ser humano en dos partes espirituales y cívicas, sino llamar a vivir con

responsabilidad tanto ante las leyes del país como ante los principios eternos.

¿Qué significa realmente la separación entre la Iglesia y el Estado?

La separación entre la iglesia y el estado no debe interpretarse como la exclusión de la fe del ámbito público. Más bien, debe verse como una garantía que asegura la libertad religiosa y evita posibles abusos de poder por parte de ambas entidades. De manera positiva, esta separación:

- Previene que el Estado establezca una religión oficial.
- Protege a las iglesias de la manipulación política.
- Garantiza el derecho a la libertad de expresión y práctica religiosa.
- Permite la coexistencia de diversas creencias en un entorno de respeto y legalidad.

La fe cristiana no necesita poder político para ejercer influencia. Su impacto proviene de su capacidad para transformar corazones y comunidades, no de los decretos.

Peligros de la fusión entre Iglesia y Estado

A lo largo de la historia, los momentos en los que la Iglesia ha dominado al Estado o el Estado ha manipulado a la Iglesia han producido consecuencias negativas:

Persecución religiosa contra minorías o disidentes: cuando ambas instituciones se entrelazan, se tiende a silenciar o castigar a quienes no comparten la religión dominante.

Corrupción ética dentro de la institución religiosa: el poder político puede desviar la misión espiritual de la Iglesia, priorizando agendas partidistas.

Imposición de prácticas religiosas sin convicción: la fe pierde autenticidad cuando se obliga por mandato en lugar de nacer del corazón.

Rechazo social hacia la religión por asociaciones políticas impopulares: la Iglesia puede ser vista como instrumento de control y no como guía espiritual.

El cristianismo pierde credibilidad cuando se alinea incondicionalmente con partidos o gobiernos, olvidando su vocación profética de denunciar la injusticia, venga de donde venga.

Oportunidades en un Estado laico

Una separación bien entendida permite que los cristianos participen activamente en la vida política y social sin necesidad de controlar el poder. Esto abre oportunidades como:

Formar ciudadanos con una conciencia ética cristiana capaces de influir en leyes, instituciones y políticas desde la fe, sin imponerla.

Crear alianzas interreligiosas y seculares para enfrentar problemas sociales como la pobreza, la violencia, la trata de personas o la corrupción.

Contribuir al progreso nacional desde fuera de las estructuras de poder, actuando como guía y ejemplo en áreas como la educación, la salud, la economía, la justicia, la cultura y los medios de comunicación.

América Latina: Entre tensiones y posibilidades

En muchos países de América Latina, el principio del Estado laico a veces ha sido utilizado para limitar la influencia de las voces cristianas, especialmente en temas de valores, familia o educación. Sin embargo, este mismo principio también ha sido clave para evitar el autoritarismo religioso y proteger a las minorías.

En Colombia, Chile y México, los líderes cristianos han tenido un notable impacto en la vida pública sin imponer su fe mediante leyes. En Haití y la República Dominicana, a pesar del sincretismo religioso, las iglesias cristianas han mantenido su capacidad de influir social y moralmente, de manera independiente al Estado.

Jesucristo nunca participó en política, pero siempre estuvo presente entre la gente.

No buscó puestos de poder, pero su voz dejó huella en las autoridades. Cuestionó sistemas, expuso hipocresías, valoró a los invisibles y modeló un liderazgo basado en el servicio. No necesitó un asiento en el Senado para transformar la historia. Desde sus principios, sembrados con convicción, edificó el Reino de Dios sin recurrir a la fuerza.

"Mi reino no es de este mundo." (Juan 18:36)

Esto no significa que su mensaje no tuviera impacto terrenal, sino que su esencia no radicaba en dominar, sino en transformar desde dentro y desde fuera mediante el amor, la verdad y la justicia.

Conclusión

La correcta separación entre la Iglesia y el Estado no se opone al cristianismo, sino que crea un entorno donde la fe puede ser genuina, libre y vigorosa sin convertirse en herramienta política.

En lugar de alejarse del país, los cristianos deben involucrarse más que nunca en su nación. No para instaurar una teocracia, sino para reflejar los valores del Reino en todos los ámbitos de la sociedad. Cuando la Iglesia permanece fiel a su misión y el Estado respeta la libertad religiosa, ambos pueden trabajar por el bien común desde sus roles distintos, pero complementarios.

CAPÍTULO OCHO

El Papel de la Iglesia en Tiempos de Crisis: Refugio, Respuesta y Reconstrucción

Las crisis revelan el corazón de las naciones. En los momentos más críticos, cuando los gobiernos fallan, los sistemas económicos colapsan o el tejido social se desintegra, la Iglesia cristiana ha demostrado una y otra vez ser un pilar de esperanza, organización y servicio.

Desde los tiempos de la Iglesia primitiva, que cuidaba de los enfermos durante las plagas del Imperio Romano, hasta las congregaciones actuales que ofrecen refugio durante terremotos, guerras y pandemias, el cristianismo ha mostrado que su fe no huye del sufrimiento, sino que lo enfrenta con compasión y acciones concretas.

Roles Fundamentales de la Iglesia en Tiempos de Crisis:

Santuario Espiritual y Emocional

En medio del caos, la Iglesia ofrece consuelo, guía moral y esperanza. A través de la oración, la comunidad, la predicación y el acompañamiento pastoral, ayuda a las personas a recuperar su dignidad y propósito en medio del dolor.

"El Señor está cerca de los quebrantados de corazón y salva a los abatidos de espíritu." (Salmo 34:18)

Respuesta Humanitaria Urgente

Las iglesias suelen ser las primeras en responder cuando ocurre un desastre. Por estar profundamente integradas en sus comunidades, pueden movilizar voluntarios, distribuir alimentos, ropa y agua, y ofrecer refugio sin depender de procesos burocráticos.

Reconstrucción del Tejido Social

Después del impacto inicial, la Iglesia se enfoca en sanar relaciones, brindar apoyo psicológico, reconstruir hogares y reactivar las economías locales. Esto cobra especial relevancia en regiones donde la presencia del Estado es débil o inexistente.

Ejemplos Históricos y Contemporáneos

La Iglesia Durante la Segunda Guerra Mundial

En Europa, muchas comunidades cristianas ofrecieron refugio a judíos perseguidos, ayudaron a prisioneros y apoyaron a las víctimas del régimen nazi. Líderes como Dietrich Bonhoeffer en Alemania y Corrie ten Boom en los Países Bajos demostraron que la fe genuina no guarda silencio ante la injusticia. Su valentía no solo salvó miles de vidas, sino que también mostró cómo los valores del Reino de Dios pueden resistir y transformar incluso en los contextos más oscuros.

Haití (2010): Terremoto y Movilización Cristiana

Tras el devastador terremoto que sacudió Haití, cuando gran parte de la infraestructura gubernamental colapsó, las iglesias locales e internacionales desempeñaron un papel esencial en la respuesta inmediata. Proporcionaron refugio a miles de personas, distribuyeron ayuda y canalizaron recursos internacionales hacia quienes más lo necesitaban. Aún hoy, muchas de las iniciativas de reconstrucción en los sectores educativo y habitacional siguen siendo lideradas por organizaciones cristianas. Este caso demuestra cómo, en medio de la crisis, valores como la compasión, el servicio y la comunidad pueden trascender las limitaciones del Estado y convertirse en motores de esperanza y desarrollo.

Haití en la Crisis Actual: El Papel de la Diáspora Cristiana

Más de una década después del terremoto, Haití enfrenta una de sus peores crisis políticas, económicas y sociales. La inseguridad, dominada por grupos armados, ha obligado a muchas iglesias locales a cerrar sus puertas, privando a la población de espacios esenciales de refugio espiritual y comunitario. Sin embargo, en este contexto desafiante, las iglesias haitianas en países como Estados Unidos, Canadá, Francia, Brasil, Chile, Ecuador y República Dominicana se han convertido en voces proféticas de solidaridad.

Desde el extranjero, estas comunidades cristianas no permanecen indiferentes; brindan ayuda humanitaria, financian proyectos sociales y llaman a la conciencia del pueblo haitiano. Su mensaje insiste en que la nación no debe resignarse a la violencia, la corrupción ni la desesperanza. Tal como las iglesias fueron pilares de apoyo tras el terremoto, hoy la diáspora cristiana impulsa un retorno a los valores del Reino de Dios, justicia, verdad, solidaridad y esperanza, como base para el renacimiento nacional.

Su acción demuestra que, incluso cuando la inseguridad silencia los templos dentro del país, la fe cristiana sigue viva y activa, movilizando recursos, formando conciencias y proclamando que la transformación de Haití sigue siendo posible.

Otros Ejemplos Proféticos e Históricos del Papel de la Diáspora Cristiana

1. El Pueblo de Israel en el Exilio

En la Biblia, el exilio en Babilonia representó una de las crisis más profundas en la historia del pueblo de Dios. A pesar de ello, profetas como Jeremías y Ezequiel mantuvieron viva la esperanza desde lejos, llamando al arrepentimiento y a la fidelidad hacia Dios. Fue precisamente en ese tiempo de diáspora cuando se reavivó un espíritu nacionalista que preparó el camino para su futura restauración. Hoy, Haití atraviesa una situación semejante: podría ser su fe activa, sostenida por las comunidades dispersas, la que actúe como un eco profético capaz de despertar conciencias y allanar el camino hacia un nuevo y vibrante renacimiento.

2. La Diáspora Africana y el Movimiento de Liberación

Durante los siglos marcados por la esclavitud y el colonialismo, muchos líderes afrodescendientes en la diáspora desempeñaron un papel crucial al denunciar la opresión y sembrar la conciencia de libertad. En las comunidades afrocubanas y afroamericanas, la fe cristiana no solo brindó esperanza espiritual, sino que también se convirtió en un motor clave de los movimientos sociales y políticos de liberación. Lejos de ser un obstáculo, la diáspora actuó como una fuerza movilizadora capaz de transformar naciones enteras.

3. Martin Luther King Jr. y el Despertar de una Nación

En su propio país, Martin Luther King Jr. encarnó lo que significa ser una voz profética que despierta la conciencia colectiva. Su mensaje, basado en los principios bíblicos de justicia y amor, trascendió la esfera religiosa para convertirse en un llamado nacional e internacional contra el racismo y la discriminación. De la misma manera, las iglesias haitianas en la diáspora pueden convertirse en catalizadoras de un renacimiento moral que inspire a generaciones dentro y fuera de sus fronteras.

4. Corea del Sur y la Influencia Cristiana de su Diáspora

Después de la guerra de Corea y los años de extrema pobreza, la diáspora coreana desempeñó un papel determinante al colaborar con la Iglesia para proveer recursos, educación y apoyo espiritual a su nación. Hoy, Corea del Sur es uno de los países más prósperos de Asia, y este desarrollo se atribuye no solo al esfuerzo económico, sino también al fortalecimiento moral y comunitario impulsado por la fe cristiana.

Conclusión Profética

Estos ejemplos muestran que cuando las iglesias y comunidades cristianas en la diáspora asumen su papel como centinelas, actuando como vigilantes que despiertan la conciencia del pueblo, se convierten en una fuerza capaz de trascender fronteras y generaciones. En Haití, un país cargado de crisis políticas, sociales y económicas, es precisamente a través de su diáspora cristiana que resuena una voz semejante a la de Juan el Bautista: "Preparad el camino del Señor; enderezad sus sendas." Cuanto más la administración de Haití, tanto interna como externamente, se alinee con los valores del Reino de Dios, más cerca estará de alcanzar no solo un alivio temporal, sino una prosperidad duradera y transformadora.

COVID-19: La Iglesia en la Pandemia Global

Durante la crisis sanitaria, las iglesias cristianas en países como Brasil, República Dominicana, Colombia y Estados Unidos actuaron como centros de vacunación, distribuyeron alimentos y ofrecieron apoyo emocional y espiritual a millones de personas confinadas o en duelo. Frente a las limitaciones de los gobiernos, estas comunidades religiosas demostraron cercanía, solidaridad y acompañamiento. Recordaron al mundo que la verdadera prosperidad no se mide únicamente por los recursos materiales disponibles, sino también por el bienestar espiritual y emocional de sus habitantes.

La Iglesia como Guía Profética y Defensora

La Iglesia tiene también la responsabilidad de denunciar las injusticias que agravan las crisis, tales como la negligencia estatal, la corrupción, el abandono de los pobres, el racismo estructural y la violencia. Si solo ofrece consuelo sin enfrentar el mal, pierde su capacidad transformadora.

Jesús mismo, al ver el sufrimiento de las multitudes, lloró con ellas, sanó a los enfermos y alimentó a los hambrientos. Luego, las invitó a cambiar sus vidas. Su ejemplo demuestra que la compasión y la verdad deben caminar juntas.

Conclusión

A lo largo de la historia se ha demostrado que cuando la Iglesia vive su fe con valentía y compromiso con el servicio, se convierte en un pilar de estabilidad en tiempos de colapso. No busca reemplazar al Estado, sino complementarlo. Su meta no es obtener poder, sino generar impacto.

En tiempos de dificultad o crisis, las personas necesitan más que alimento o refugio: necesitan esperanza, dirección y sentido de comunidad.

Una nación que reconoce y colabora con una Iglesia dinámica, autónoma y comprometida con el bien común se fortalece. Cuando la fe se traduce en acción, lo que parece destruido puede convertirse en el fundamento de una verdadera reconstrucción.

CAPÍTULO NUEVE

Conclusión: Un Enfoque Práctico para los Países que Aspiran a Prosperar

Las naciones no surgen por casualidad, ni prosperan únicamente por sus recursos naturales, capacidades técnicas o alianzas políticas. La historia demuestra que la grandeza de un país se edifica sobre la calidad de su moral colectiva, el fortalecimiento de sus instituciones y el compromiso de su pueblo con principios fundamentales. El cristianismo, cuando se vive con integridad, proporciona precisamente el conjunto de valores esenciales necesarios para alcanzar un desarrollo auténtico, justo y sostenible.

Este libro ha mostrado cómo la fe cristiana, lejos de ser un obstáculo, puede actuar como una fuerza que sostiene el bienestar nacional. Desde la promoción de una ética de trabajo hasta el impulso de una economía equitativa, desde la formación de valores en la educación hasta el fomento de la responsabilidad social, y desde el fortalecimiento de la resiliencia ante las crisis hasta la orientación de la participación política con sabiduría, el cristianismo ofrece una visión integral tanto para el individuo como para la sociedad.

"La justicia engrandece a la nación, pero el pecado es afrenta para los pueblos." (Proverbios 14:34)

Desde una perspectiva bíblica, la justicia trasciende la mera legalidad; implica rectitud, compasión, equidad y verdad. Por tanto, una nación edificada sobre los cimientos de la justicia prospera, mientras que apartarse de ella conduce al debilitamiento.

Hacia Dónde Dirigirse: Lineamientos Prácticos para Gobiernos, Iglesias y Ciudadanos

La transformación de una nación no se logra con discursos vacíos ni con leyes que ignoran la realidad social, sino con una visión clara centrada en la dignidad humana y la justicia. En este contexto, combinar los principios eternos con acciones concretas es el camino hacia un desarrollo sólido y sostenible.

1. Para las Autoridades Gubernamentales

Legislar sin temer reconocer la importancia de los principios cristianos universales:

La verdad, la justicia, el respeto por la vida, la honestidad y el servicio son valores que fortalecen la cohesión social, no la división. Adoptar estos principios en la legislación contribuye a crear una sociedad basada en la integridad, la responsabilidad moral y los valores compartidos.

Invertir en una educación ética y humanista junto con el conocimiento técnico:

La educación carente de principios morales conduce a sociedades técnicamente hábiles pero sin conciencia. Invertir en un sistema educativo que combine ética, humanidad y formación técnica permite formar individuos competentes y socialmente responsables.

Fortalecer la colaboración con organizaciones cristianas:

Reconocer y apoyar a las organizaciones cristianas que de manera efectiva y transparente atienden las necesidades de los más vulnerables. El papel histórico de la fe organizada como motor del desarrollo social debe ser reconocido e integrado en los esfuerzos por promover la justicia y el bienestar comunitario.

Proteger la libertad religiosa como fundamento de una democracia sólida:

Una democracia robusta depende de la libertad de sus ciudadanos para practicar su fe. Proteger la libertad religiosa garantiza el respeto a la diversidad de creencias, manteniendo al mismo tiempo un compromiso unificado con valores que trascienden las preferencias individuales.

Invertir en el sector agrícola y promover la soberanía alimentaria:

En países como Haití, con recursos naturales subutilizados, invertir en una agricultura moderna y responsable es esencial. Desarrollar el sector agrícola no solo reduce la dependencia de la ayuda externa, sino que también genera empleo, refuerza la dignidad y promueve la estabilidad comunitaria. Asegurar la soberanía alimentaria ayuda a que las economías locales prosperen y permite a las comunidades construir futuros sostenibles.

2. En Cuanto a las Iglesias

Enfocarse en la eternidad sin perder de vista el presente: Promover no solo la salvación espiritual, sino también la responsabilidad social y cívica.

Fomentar la educación bíblica para pastores y líderes:

Es fundamental que los pastores y líderes eclesiásticos reciban formación continua que garantice que sus enseñanzas se alineen con la verdad de las Escrituras, y no con intereses personales. Una doctrina fiel es crucial para que la Iglesia siga siendo luz y guía en medio del caos social.

Motivar a los pastores a tener una profesión o oficio fuera de la Iglesia:

Al fomentar que los pastores tengan una vocación fuera del ministerio, se evita su dependencia financiera de los diezmos y ofrendas. Este enfoque ayuda a prevenir la manipulación económica y reduce el riesgo de corrupción. Un pastor con un trabajo digno y productivo puede servir libremente a su comunidad y dar un ejemplo mayor de integridad.

Promover y fomentar la maternidad consciente y responsable:

Alentar a las familias a planificar inteligentemente reducirá el número de niños abandonados y fortalecerá la familia como pilar fundamental de la sociedad. Al apoyar la planificación familiar responsable, la Iglesia contribuye a la creación de comunidades más fuertes y saludables.

Ser ejemplos de gestión transparente y servicio comunitario:

Demostrar que la fe cristiana no es una forma de evasión, sino un recurso práctico para la construcción del bien común. Los cristianos deben mostrar que su fe los lleva a actuar con responsabilidad tanto en la vida personal como en la pública.

Cambiar la Percepción de que los Cristianos no Pueden Ocupaciones Políticas:

La idea de que un cristiano no puede ser presidente, ministro o alcalde debe ser desafiada. De hecho, la política se beneficia de líderes con principios firmes. El liderazgo político requiere más que carisma y habilidades técnicas; exige un juicio basado en valores eternos como la justicia, la verdad y el servicio a los demás. El liderazgo cristiano en el ámbito político no es un beneficio personal, sino una obligación moral de servir a toda la nación.

Para los Ciudadanos:

Considerar a la familia como el núcleo de la sociedad implica promover la estabilidad matrimonial, la paternidad responsable y la transmisión de valores espirituales y morales a las futuras generaciones. La familia actúa como la base para desarrollar individuos fuertes y éticos, y para fomentar comunidades donde prosperen la justicia, el amor y la responsabilidad. Al invertir en la salud y el bienestar de las familias, la sociedad en su conjunto puede construir un futuro más resiliente, compasivo y próspero.

Promover la Educación Sexual en las Escuelas desde una Perspectiva Ética y Cristiana:

En el contexto actual, caracterizado por cambios sociales acelerados, acceso ilimitado a la información y transformaciones en las dinámicas familiares, la educación sexual integral se ha convertido en una necesidad en las escuelas. Sin embargo, cuando esta educación se aborda desde una perspectiva ética y cristiana, adquiere una profundidad mayor y un enfoque más holístico que va más allá de los aspectos biológicos, integrando valores morales, espirituales y sociales esenciales para el desarrollo completo del ser humano.

El objetivo principal de este enfoque no es solo brindar información sobre la sexualidad, sino también educar en principios y valores. Busca ayudar a los estudiantes a comprender la dignidad humana, valorar sus cuerpos y reconocer la importancia de tomar decisiones responsables relacionadas con su sexualidad.

Principios de la Educación Sexual Cristiana:

La educación sexual desde una visión cristiana se centra en la creencia de que el cuerpo humano es un don divino y concibe la sexualidad como un aspecto sagrado del ser, destinado a reflejar el amor, la dedicación y el compromiso. Este enfoque se fundamenta en valores como:

Respeto por la Dignidad Humana:

Educar a los estudiantes para que comprendan que su cuerpo y el de los demás son sagrados y merecen ser tratados con respeto.

Autocontrol y Responsabilidad Personal:

Enseñarles a cultivar habilidades para tomar decisiones informadas y maduras, evitando comportamientos impulsivos o de riesgo.

Amor y Compromiso:

La sexualidad debe entenderse como una manifestación del amor que alcanza su plenitud dentro de una relación estable, sana y comprometida, como el matrimonio.

Educación Integral:

La educación sexual desde una perspectiva cristiana incorpora elementos biológicos, psicológicos, emocionales, espirituales y sociales, fomentando una visión equilibrada y completa de la sexualidad. Este enfoque se diferencia de los modelos puramente informativos, ya que estos se limitan a los aspectos físicos o preventivos y omiten la formación moral y emocional.

Fomento del Respeto por el Propio Cuerpo:

Uno de los pilares de la educación sexual cristiana es enseñar a niños y adolescentes a valorar su cuerpo como una parte fundamental de su identidad. Según la enseñanza bíblica, el ser humano fue creado "a imagen y semejanza de Dios" (Génesis 1:27), lo que otorga a cada persona una naturaleza única y sagrada.

Las escuelas, en colaboración con las familias, pueden promover:

Autoestima y Autoconocimiento:

Guiar a los estudiantes para que comprendan y acepten con confianza los cambios naturales de su cuerpo durante la pubertad.

Prevención del Abuso Sexual:

Enseñarles a reconocer límites saludables e identificar comportamientos inapropiados para proteger su integridad física y emocional.

Importancia de la Integridad y el Respeto Personal:

Fomentar un estilo de vida que valore el cuerpo y las decisiones relacionadas con la sexualidad. Al fortalecer la relación del estudiante con su propio cuerpo, también se promueve el respeto hacia los demás, contribuyendo a relaciones más sanas, empáticas y responsables.

Promoción de la Responsabilidad en las Decisiones Personales:

Desde la visión cristiana, la sexualidad implica libertad, pero una libertad responsable, unida a la madurez emocional y espiritual. Por ello, la educación sexual en las escuelas debe orientar a los estudiantes a comprender que cada decisión conlleva implicaciones personales, sociales y espirituales.

Este método se enfoca en:

Crear conciencia sobre los riesgos reales:

Comunicar de manera clara las consecuencias de mantener relaciones sexuales prematuras, incluyendo embarazos no deseados, infecciones de transmisión sexual y repercusiones emocionales.

Desarrollo de un plan de vida:

Motivar a los estudiantes a reflexionar sobre sus metas personales, académicas y espirituales, comprendiendo cómo sus decisiones influyen en su futuro.

Reforzar los valores personales:

Fomentar el sentido de responsabilidad y autocontrol, promoviendo decisiones informadas que respeten tanto su dignidad como la de los demás.

Este tipo de educación prepara a los jóvenes no solo para evitar riesgos, sino también para tomar decisiones que se alineen con sus valores y objetivos personales.

Fomentar la espera hasta el matrimonio para mantener relaciones sexuales

Desde una perspectiva ética y cristiana, la sexualidad alcanza su máxima expresión dentro de un vínculo estable, basado en el compromiso y el amor: el matrimonio. La educación sexual impartida en las escuelas puede colaborar con los padres y las comunidades religiosas para motivar a los estudiantes a retrasar las relaciones sexuales hasta alcanzar la madurez emocional, psicológica y espiritual que les permita construir vínculos más estables y saludables.

Este principio no busca imponer, sino ofrecer orientación educativa y formación en valores, promoviendo beneficios como:

- Mayor estabilidad emocional y afectiva en las relaciones futuras.

- Reducción de riesgos asociados a embarazos no planificados y enfermedades de transmisión sexual.

- Promoción de la lealtad y el compromiso como base de relaciones sólidas.

- Fomento de relaciones basadas en el respeto y la comunicación que trascienden lo físico.

Así, los jóvenes comprenden que la sexualidad es una expresión plena del amor humano y no un simple acto físico impulsado por deseos momentáneos.

Impacto cultural y social

Promover la educación sexual con una perspectiva ética y cristiana en las escuelas puede generar un impacto positivo en toda la sociedad, ya que contribuye a:

Reducir problemáticas sociales como el embarazo adolescente, la violencia de género y la explotación sexual.

Formar individuos responsables, con valores firmes y capacidad de tomar decisiones informadas. Fortalecer a las familias al preparar a las nuevas generaciones para formar relaciones más estables y saludables. Fomentar una cultura de respeto y dignidad, donde las decisiones personales estén guiadas por el bienestar individual y comunitario.

Este modelo incorpora las dimensiones espiritual, moral y social del ser humano, ofreciendo un enfoque más integral y sostenible para el desarrollo humano.

La educación sexual desde una perspectiva ética y cristiana no busca ignorar la realidad de la sexualidad, sino educar individuos responsables, libres y conscientes de su dignidad. Enseñar el respeto por el propio cuerpo, promover la responsabilidad en las decisiones personales y fomentar la espera hasta el matrimonio son principios orientados a crear vínculos más estables, sanos y duraderos.

Lejos de ser un obstáculo, esta perspectiva brinda a las escuelas una base sólida para guiar a los estudiantes en el pleno desarrollo de su identidad, ayudándolos a enfrentar los desafíos actuales con madurez y propósito.

Una esperanza renovada para el pueblo

El verdadero desarrollo no se limita a construir carreteras, levantar edificios o firmar acuerdos internacionales. El progreso genuino ocurre cuando un país forma ciudadanos íntegros, valora la dignidad de cada vida humana y entiende que el éxito económico carece de sentido sin justicia.

El cristianismo tiene el poder de transformar la cultura, inspirar cambios en las leyes, humanizar la economía y sanar heridas sociales profundas. Esto no se logra por imposición, sino mediante el ejemplo, el servicio y la integridad de quienes lo practican.

"Si mi pueblo, sobre el cual es invocado mi nombre, se humilla, ora, busca mi rostro y se aparta de sus malos caminos, entonces yo oiré desde los cielos, perdonaré su pecado y sanaré su tierra." (2 Crónicas 7:14)

Conclusión

Este libro no pretende fusionar la Iglesia y el Estado ni imponer dogmas mediante decretos. Su propósito es hacer un llamado urgente y esperanzador para que las naciones evalúen, sin prejuicios, los principios eternos del cristianismo como base para construir sociedades más justas, humanas y sostenibles.

Cuando el alma de una nación se fundamenta en la verdad, el amor y la compasión, su futuro deja de ser incierto. Entonces la fe se convierte en fuerza de desarrollo, la esperanza se transforma en política de Estado y la justicia en el bien más preciado de esa nación.

Presentación final al lector

Gracias por llegar hasta este punto. Si este libro ha influido en tu conciencia, en tu manera de ver el mundo o en tus convicciones, su propósito ya ha comenzado a cumplirse.

No escribí estas páginas desde una torre teórica, sino desde el suelo donde la fe se encuentra con la realidad. Aquí, las iglesias no son adornos, sino refugios del alma. Los principios bíblicos trascienden los discursos y se convierten en luces que guían la vida pública. En este lugar, la justicia no es un eslogan, sino un propósito sagrado.

Mi mayor deseo es que lo que has leído trascienda el papel. Que estas ideas se traduzcan en tus decisiones, conversaciones, trabajo y comunidad. Que te sientas motivado a ser un agente de esperanza, un embajador del Reino y un constructor del futuro.

Porque el mundo no necesita más expertos, sino más cristianos valientes.

Y las naciones no necesitan más promesas, sino más principios.

Si creemos que es posible y actuamos con obediencia, veremos nuestras tierras sanar, prosperar y resplandecer. Y ese día todos diremos: fue el Señor quien lo hizo, y es maravilloso a nuestros ojos.

GLOSARIO

Justicia bíblica: un concepto que abarca no solo los aspectos legales, sino también las dimensiones morales, éticas y sociales. Implica equidad, restauración y la protección de los más vulnerables.

Mayordomía: un principio cristiano que enseña que todo lo que tenemos, incluyendo dinero, recursos, tiempo y talentos, pertenece a Dios y debe ser administrado con sabiduría y propósito.

Ética cristiana: conjunto de valores y principios que guían el comportamiento de una persona conforme a las enseñanzas de la Biblia.

Iglesia: comunidad de creyentes cristianos. También puede referirse a la institución organizada o al cuerpo espiritual universal del pueblo de Dios.

Reino de Dios: una realidad tanto espiritual como social, donde prevalecen los valores divinos de justicia, paz, verdad, amor, humildad y servicio.

Teocracia: sistema de gobierno en el cual los líderes religiosos ejercen autoridad política en nombre de Dios. Este libro no promueve dicho modelo.

Estado laico: sistema político que no establece una religión oficial, pero garantiza la libertad de culto y permite la participación de las personas religiosas en los asuntos públicos.

Responsabilidad social cristiana: deber de los creyentes de servir a la comunidad y contribuir al bien común desde su fe, mediante acciones concretas que promuevan la justicia y la compasión.

Vivir prácticamente el Evangelio: poner en acción el mensaje de Jesucristo más allá de las palabras, manifestándolo a través de actos de amor, servicio y justicia dentro del entorno social.

BIBLIOGRAFÍA

Associated Press. (2023, 22 de agosto). De MLK a hoy, la Marcha en Washington destaca la evolución del activismo de las iglesias negras. AP News. https://apnews.com/article/d4a207502d935a327 2eea8a42a9f4a5a

Barro, R. J., & McCleary, R. M. (2003). Religión y crecimiento económico (NBER Working Paper No. 9682). National Bureau of Economic Research. https://www.nber.org/papers/w9682

Beisner, E. C. (s.f.). Prosperidad y pobreza: El uso compasivo de los recursos en un mundo de escasez. Crossway Books.

Campos, A. C. (2016). La Reforma Protestante y su impacto social [PDF]. Recuperado de https://www.ilco.cr/images/Libro/Reforma%20e%20impacto.pdf

Documentos de Fe y Alegría, Visión Mundial y World Vision. (s.f.). Educación, desarrollo comunitario y servicio cristiano. Recuperado de https://www.wvi.org

Graham, A. (2022). El papel subyacente del cristianismo en los movimientos políticos y sociales. University of North Carolina. Recuperado de https://cdr.lib.unc.edu/concern/articles/dn39xb264?locale=en

Keller, T. (2010). *Justicia generosa: La gracia de Dios y la justicia social*. Andamio Editorial.

King Institute at Stanford University. (s.f.). Introducción | The Martin Luther King, Jr. Research and Education Institute. Recuperado de https://kinginstitute.stanford.edu/introduction

La Biblia. (s.f.). *Santa Biblia*. Versión Reina-Valera, Nueva Versión Internacional (NVI) u otra traducción confiable.

Mangalwadi, V. (2011). *El libro que dio forma al mundo: Cómo la Biblia creó el alma de la civilización occidental*. Editorial CLIE.

Noell, E., Smith, S., & Webb, B. (2013). Crecimiento económico. En T. Stackhouse (Ed.), *El manual Oxford de cristianismo y economía* (pp. 103-120). Oxford University Press.

Oxford University Press. (2014). *El manual Oxford de cristianismo y economía*. Oxford University Press.

Padilla, C. R. (2001). *Misión integral: Ensayos sobre el Reino de Dios y la transformación de la sociedad*. Kairos Ediciones.

Perspectivas cristianas sobre la propiedad y el desarrollo socioeconómico en África. (2003). Nairobi: CUEA Publications.

Pilgrim Press. (1994). *Sosteniendo el bien común: Una perspectiva cristiana sobre la economía global*. Pilgrim Press.

Richards, J. W. (2009). *Dinero, codicia y Dios: Por qué el capitalismo es la solución y no el problema*. HarperOne.

Stott, J. (2006). *La fe cristiana frente a los desafíos contemporáneos*. Editorial Caribe.

Swart, I., & Nell, E. (2016). Religión y desarrollo: El auge de una bibliografía. HTS Teologiese Studies / Theological Studies, 72(4), 1-12. https://doi.org/10.4102/hts.v72i4.3528

Teachy.ai. (s.f.). La Reforma Protestante y sus impactos. Recuperado de https://teachy.ai/es/libros/educacion-secundaria/secundaria-1-grado/historia-a-espanol/la-reforma-protestante-y-sus-impactos-d32be

Thomas, A., & Reader, M. (Eds.). (s.f.). El compañero Elgar de los estudios del desarrollo. Edward Elgar Publishing.

Time. (2018, 4 de abril). 10 historiadores sobre lo que la gente aún no sabe sobre Martin Luther King Jr. TIME. https://time.com/5197679/10-historians-martin-luther-king-jr/

Volf, M. (2011). Una fe pública: Cómo seguir a Jesús en un mundo pluralista. Editorial Sal Terrae.

Weber, M. (1968). Economía y sociedad. Bedminster Press.

Weber, M. (2001). La ética protestante y el espíritu del capitalismo. Routledge.

White, S. C. (1997). Haciendo teología y desarrollo: Enfrentando el desafío de la pobreza. Saint Andrew Press.

Wired. (2007, 15 de enero). MLK: Ten fe, sé justo. Wired. https://www.wired.com/2007/01/mlk-have-faith-be-fair/

AGRADECIMIENTOS

A Dios, mi fuente infinita de sabiduría y esperanza, a quien dedico cada palabra en estas páginas.
A mi esposa, la Dra. Andromarque Hilaire Jean-Pierre, compañera en la vida y en la fe: gracias por tu amor incondicional y tu apoyo constante.
A mis padres, Sra. Cereste Hilaire Raymond y Sr. Jean Virgilan Hilaire, por haberme dado una educación basada en los principios del cristianismo.
A mis hijos, la Srta. Djessy-Naïra Hilaire Jean-Pierre y el Sr. Romel Stevens Hilaire Jean-Pierre, por su fe en mí y por acompañarme en este sueño.
A mis hermanas y hermanos, tanto de sangre como en Jesucristo, compañeros en la fe y en la esperanza, con quienes comparto el llamado a servir y transformar.
A mis compañeros pastores, por su paciencia y sus oraciones, y a todos aquellos que, con su ejemplo o su fe, me han recordado el poder transformador de la luz del Evangelio sobre el mundo.

Made in the USA
Coppell, TX
04 January 2026